# जोड़-तोड़

## हास्य एकांकी

मथुरा कलौनी

# समर्पण

यह हास्य नाटक उन सभी मानव विश्वमित्रों को समर्पित है जिनकी स्मरण शक्ति विश्राम प्रियता के मोटे कंबल के नीचे कहीं सोयी पड़ी है। आवश्यकता पड़ने पर बाहर निकलती तो है पर अपने अलसाये अंदाज में।

# अनुक्रम

# मथुरा कलौनी - संक्षिप्त परिचय और उनके नाटक

मथुरा कलौनी का जन्म 20 जनवरी 1947 को पिथौरागढ़ में तथा शिक्षा दीक्षा कोलकाता में हुई थी। उनकी पहाड़ में बीते बचपन की स्मृतियाँ इतनी बलवती हैं कि वहाँ की अनुभूतियाँ यदा-कदा उनकी रचनाओं में झाँकने लगती हैं। गंभीर से गंभीर विषय को हास्य-व्यंग्य का पुट देकर चुलबुले अंदाज में प्रस्तुत करने में वे सिद्धहस्त हैं। प्रेम, श्रृंगार, हास्य, व्यंग्य आदि सभी रसों के इंद्रधनुषी रंग उनकी अद्भुत वर्णनात्मक शैली में मुक्त तैरते रहते हैं। उनकी रचनाएँ बहुत पठनीय होती हैं। आभास ही नहीं होता कि भावनात्मक अनुभूतियों के आवेगों से गुजरते हुए कब कथानक के शीर्ष पर पहुँच गये।

मथुरा कलौनी अपनी कृतियों में पात्रों के अनुपम चित्रण के लिए जाने जाते हैं। उन्होंने साहित्य की लगभग समस्त विधाओं में अपनी कलम चलाई है जिनमें उपन्यास, कहानी और नाटक प्रमुख हैं। उनकी रचनाओं में अप्रत्यक्ष, गुदगुदाने वाले हास्य की प्रधानता है। मानव संबंधों की विविधता का कदाचित ही कोई पक्ष उनकी लेखनी से अछूता रहा हो। **प्रियदर्शी अशोक** में एक कालजयी

ऐतिहासिक विभूति का द्वंद्व हो, या **कब होगी भेंट** में अछूते प्रेम के भावनात्मक प्रसंग हों, **धतूरे के बीज** में काले-डरावने चरित्र हों या **विषकन्या** में अपराध जगत के गुमनाम रहस्यों का रोमांच हो, **वहाँ से वापसी** में स्मृति-लोप के कगार से वापसी की यात्रा हो या **कौन हो तुम बृहन्नला** में किन्नर वर्ग की अबूझ अनकही वेदना का चित्रण हो, सब इनकी लेखनी के चित्रफलक(कैनवास) में समाहित हैं।

मथुरा कलौनी ने चार दशक पहले साहित्यिक यात्रा आरंभ की थी। 1988 में बेंगलूरु में कलायन नाट्य संस्था की स्थापना की। 1999 में इन्टरनेट में कलायन पत्रिका (www.kalayan.org) का प्रकाशन आरंभ किया। आपकी लगभग डेढ़ सौ कहानियाँ प्रतिष्ठित पत्रिकाओं में प्रकाशित हो चुकी हैं। पिछले 34 सालों में आप इक्कीस नाटक और दर्जन से अधिक लघुनाटकों का लेखन और मंचन कर चुके हैं। आपके दस नाटक, चार लघु-उपन्यास और एक कहानी संग्रह प्रकाशित हो चुके हैं। दुबई में दो हिन्दी नाटकों के मंचन के साथ कंबोडिया, बीजिंग, असम-मेघालय, राजस्थान और बाली में अंतर्राष्ट्रीय हिन्दी सम्मेलनों में नाट्यपाठ की प्रस्तुतियाँ खासी चर्चित रहीं।

संप्रति आइटीसी लिमिटेड में रिसर्च मैनेजर के पद से सेवानिवृति के उपरांत बेंगलुरु में नाटकों के लेखन और निर्देशन में सन्नद्ध हैं तथा कलायन नाट्य संस्था के संचालन व कलायन पत्रिका के संपादन और संचालन को समर्पित हैं।

संपर्कः    ईमेल-    editor@kalayan.org    वेबसाइट    - www.mathurakalauny.com

# मथुरा कलौनी के नाटक

# नोशनप्रेस में मथुरा कलौनी की पुस्तकें

❦

ये पुस्तकें नोशनप्रेस, एमजॉन, फ्लिपकार्ट आदि ऑनलाइन वेबसाइट पर उपलब्ध हैं।

**उपन्यास**

चंद्रभवन तृप्तिभवन


**नाटक**

कायापलट

धतूरे के बीज

एक शाम प्रेमचंद के नाम

कब होगी भेंट

दशा (लंगड़, तू नहीं और सही, चिराग का भूत, कौन हो तुम बृहन्नला)

प्रियदर्शी अशोक

**जोड़-तोड़**

# जोड़-तोड़ के बारे में

जोड़-तोड़ की 300 प्रतियाँ प्राइवेट सर्कुलेशन के लिए 2005 में एशियाटिक प्रेस दुबई में छपवायी थीं। अब 2022 में यह पुस्तक नोशन प्रेस द्वारा मुद्रित और प्रकाशित की जा रही है।

बेंगलूरु की कलायन नाट्य संस्था द्वारा जोड़-तोड़ के मंचन का विवरण इस पुस्तक के अंत में दिया गया है। नाटक की अवधि 2 घंटे है। आरंभ में आशंका बनी रहती थी कि क्या नाटक दर्शकों को इतने लंबे समय तक बाँधे रख पायेगा, पर दर्शकों पर नाटक की पकड़ इतनी मजबूत है कि आशंका निराधार सिद्ध होती गयी। यहाँ तक कि 2006 में कुछ नये कलाकारों को मंच प्रदान करने के लिए मंजु-सावित्री का प्रकरण जोड़ा गया था जो अब नाटक का अभिन्न भाग बन चुका है।

जोड़-तोड़ के इस संस्करण को पाठकों और रंगकर्मियों को सौंपते हुए अपार हर्ष का अनुभव कर रहा हूँ।

मथुरा कलौनी

बेंगलूरु. जून 21, 2022. 8वाँ योग दिवस।

# पूर्व मंचन के कतिपय चित्र

# (2019 – 2020)

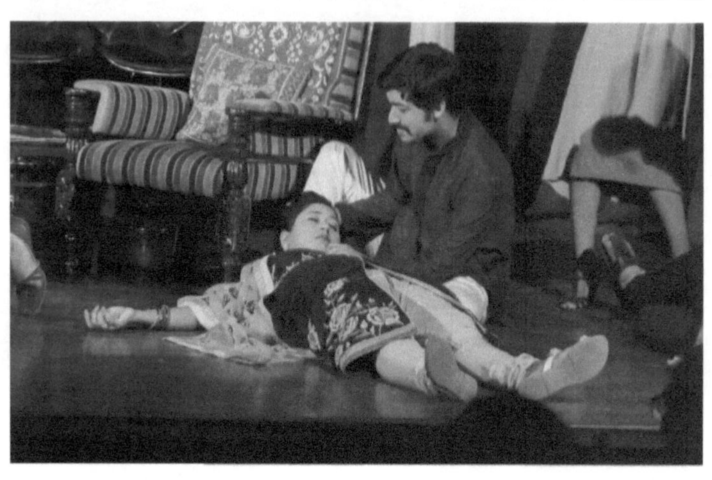

पूर्व मंचन के कतिपय चित्र (2019 – 2020)

# पात्र परिचय

### मानव विश्वमित्र

उपनाम मनु। एक ढीला ढाला सा आलसी प्रकार का व्यक्ति। बुद्धि शायद है पर इस्तेमाल करने का कष्ट अब कौन उठाए। खानदानी खाते पीते घराने का। धनधान्य की चिंता नितांत अनावश्यक। अपने मित्रों से बहुत परेशान। जो कुछ घट रहा है उसकी समझ में नहीं आ रहा है।

### लता सिंह

मनु की प्रेमिका। मनु अब जैसा है उसका अपना है। पर जब लड़कियाँ मनु के उपर गिरी जा रही हों तो शक तो होता ही है। अपनी प्यारी चीज छिन जाये तो किसे रोना नहीं आयेगा।

### रघुवर नाथ

मनु के घर में मेहमान। भाग्य में जो होना होगा, होगा करके चुपचाप तो नहीं बैठा जा सकता। परिस्थिति असाधारण हो तो उससे जूझने का उपाय भी असाधारण ही होना चाहिये।

### प्रेमा नाथ

रघुवर नाथ की रूपगर्विता पत्नी। बंटी की तड़क-भड़क के सामने रघुवर नाथ फीका लगने लगा था। क्यों न मन की की जाय।

### गोविंद शर्मा

उपनाम बंटी। मनु का बचपन का मित्र। तड़कीला-भड़कीला युवक। घर में ऐसे बड़े बुजुर्गों का अभाव है जो उसकी शादी करा सकें, लिहाजा दिल हाथ में लिए उछालता फिरता है कि कोई तो हो उसे लोप ले। जल्दबाजी में कई बार मुँह की खाई है पर हमेशा ऐसा थोड़े ही होगा! फिर गीता में भी तो कहा गया है कि कर्मण्येवाधिकारस्ते इत्यादि।

### सच्चिदानंद सिन्हा

उपनाम गबरू। यथानाम तथा गुण। गाँव का गबरू जवान। मनु का दूर का रिश्तेदार। एक वाचाल युवक। नौकरी तलाश करते करते एक लड़की मिल जाती है।

### जयमाला

एक धीर, गंभीर और शांत युवती जिसने औरों को अशांत कर रखा है।

जयमाला, जिसको डाकू ने दिल दे डाला।
लहरा कर आती है, लहरा कर जाती है,
जाने किसको यह माला जयमाला पहनाती है!

### डरजीत कुमार

उपनाम डाकू। कई लड़कियाँ आयीं और गयीं परअपना दिल है साहब किसी ऐरीगैरी को थोड़े ही देंगे! पहले हम काबिलियत देखेंगे कि जिसको भी हम दिल देंगे वह उसको सँभाल भी सकती है या नहीं। काश नाम डाकू न होता।

### सुगंधा

एक घायल डाक्टर।

### धनंजय

एक डाक्टर का घायल।

### मंजुनाथ

नौकरियाँ तो आती-जाती रहती हैं पर यहाँ तो मर्डर होने वाला है।

### सावित्री

मंजुनाथ को तो सँभालना ही पड़ेगा।

### कोकिला

स्वीट डिश ठीक समय पर पहुँच गयी।

# जोड़-तोड़

## दृश्य एक

### मनु

गबरू सब ठीक है न।

### गबरू

एकदम ठीक है।

### मनु

क्या ठीक है, पिछली बार भी तुमने एकदम ठीक है कहा था पर बनियान उल्टी थी। दिन भर मुझे असुविधा होती रही।

### गबरू

मनु भैया, बनियान वाला मामला तुम खुद निपटो। मैं कमीज-कुर्ते के अंदर झाँक कर नहीं देख सकता कि आपने बनियान सीधी पहनी है या उल्टी।

**मनु**

ठीक है, ठीक है! बहुत बोलते हो। देखो, संजय आने वाला है उसे बिठा देना। मैं जल्दी आ जाऊँगा।

**गबरू**

ठीक है।

## मनु जाता है।

**गबरू**

(आइने में देखते हुए) जप जप जप जप जप रे। जप जप जप जप रे मनवा जप रे प्रीत की माला...

क्यों...। लुट गये न सच्चिदानंद सिन्हा जी इस शहर में आकर। गाँव में जब थे तो किसी ने घास तक नहीं डाली। शहर आते ही कल्याण हो गया। अब तो बस माला जपनी है। जप जप जप जप जपरे।

## मनु का प्रवेश

**मनु**

गबरू! ओ अच्छा तुम यहीं हो। उसका नाम संजय नहीं है।

**गबरू**

तो क्या है?

**मनु**

वही तो बताने आया था। हाँ याद आया उसका नाम धनंजय है।

**गबरू**

धनंजय। ठीक है।

## मनु जाता है।

**गबरू**

जप जप जप जप जप रे। जप जप जप जप रे मनवा जप रे प्रीत की माला

जप जप जप जप जप जप जप जप जप रे

## दरवाजे पर घंटी। धनंजय का प्रवेश। मुँह लटका हुआ है।

कहिये? (धनंजय चुप) ओ भाई साहब कहाँ घुसे चले आ रहे हैं? (धनंजय चुप) अरे भाई हम आपही से कह रहे हैं। कुछ तो बोलिये।

**धनंजय**

क्या बोलूँ... क्या बोलूँ...

**गबरू**

क्या बोलूँ... माने! अरे अपने मुखारबिन्द से कुछ तो टपकाइये।

**धनंजय**

कहाँ से?

**गबरू**

अरे अपने मुखार...माने अपने मुँह से। माने कुछ तो बोलिये।

**धनंजय**

क्या बोलूँ... क्या बोलूँ... मैं कुछ बोलने लायक नहीं रहा... नहीं रहा। कुछ कहने-सुनने लायक नहीं रहा... नहीं रहा।

**सुस्त चाल से चहलकदमी करता है। सोफे से ठेस लगती है।**

**गबरू**

आप कुछ कहने-सुनने लायक नहीं रहे?

**धनंजय सहमति में सिर हिलाता है।**

मुझे तो लगता है कि आप कहीं आने-जाने लायक भी नहीं रहे।

**धनंजय खाली-खाली आँखों से गबरू को देखता है।**

खैर छोड़िए, मुझे इन सब बातों से क्या सरोकार? है कि नहीं? मुझे तो आप इतना बता दीजिए कि आप क्या हैं और क्यों हैं?

**फिर वही दृष्टि।**

मेरे कहने का मतलब है आप कौन हैं और क्या चाहते हैं?

**धनंजय**

चलता हूँ.... चलता हूँ।

**गबरू**

अजीब शहर है यह! अजीब लोग बसते हैं यहाँ! अरे भाई साहब यह तो बताते जाइये कि आप हैं कौन?

**धनंजय**

मैं एक बहुत ही दुखी प्राणी हूँ...णी हूँ। भगवान मेरे दुश्मनों को भी ऐसा समय न दिखाये... न दिखाये।

**गबरू**

मैं आपका नाम पूछ रहा था... रहा था। म... म... मेरा कहने का मतलब आपका नाम क्या है?

**धनंजय**

मेरा नाम धनंजय है...धनंजय है।

**गबरू**

ओ तो आप ही का नाम धनंजय है। आप मनु भैया के दोस्त हैं।

**धनंजय**

मनु घर में नहीं है क्या... नहीं है क्या?

**गबरू**

मनु भैया घर में नहीं हैं... नहीं हैं। आपको बैठने के लिए कह गये थे...कह गये थे।

**धनंजय**

आप मेरा मजाक उड़ा रहे हैं... रहे हैं!

**गबरू**

नहीं-नहीं धनंजय बाबू, मैं क्यों आपका मजाक उड़ाने लगा... उड़ाने लगा। मेरा मतलब है मेरी जबान फिसल गयी थी। अच्छा एक बात बताइए। आपकी सूरत ऐसी क्यों लग रही है?

**धनंजय**

कैसी लग रही है... रही है?

**गबरू**

बताऊँ कैसी लग रही है आपकी सूरत! आपकी सूरत ऐसी लग रही है कि गाने को दिल करता है

पत्थर से न मारो मेरे दीवाने को...

## धनंजय लैंप गिराता है।

**धनंजय**

ग...गिर गया...गिर गया।

**गबरू**

कोई बात नहीं। आप आराम से बैठिये। कुछ लेंगे आप?

**धनंजय**

हुं...

**गबरू**

कुछ ठंडा या कुछ गरम पीयेंगे आप?

**धनंजय**

थोड़ा जहर होगा आपके पास... आपके पास?

**गबरू**

जहर! नहीं जहर तो नहीं होगा। एक बात बताइये, आप जहर का क्या करेंगे?

**धनंजय**

खाऊँगा।

**गबरू**

अरे बापरे! आपको मालूम है न कि जहर खाने से लोग मर जाते हैं।

धनंजय सहमति में सिर हिलाता है।

फिर भी आप जहर खाना चाहते हैं?

धनंजय फिर सहमति में सिर हिलाता है।

**धनंजय**

आप नहीं समझेंगे...नहीं समझेंगे।

उठता है। टेबुल लैंप गिराता है। दरवाजे के बाहर निकलता है, कुछ और गिरने की आवाज आती है। गबरू देख कर आता है।

**गबरू**

जाते-जाते दो गमले तोड़ गया। मनु भैया के दोस्त भी अजीब हैं। मरने के लिए जहर माँग रहा था। खैर...

अब जरा जूडो का अभ्यास कर लिया जाय। कल जूडो गुरु ने ऐसी पटखनी दी थी कि कमर टूटते-टूटते बची।

**अभ्यास करता है। दरवाजे पर घंटी। गबरू दरवाजा खोलता है। डाकू का प्रवेश**

**गबरू**

कहिए?

**डाकू**

तुम कौन हो?

**गबरू**

जी बंदे को सच्चिदानंद सिन्हा कहते हैं। रिश्ते में मैं मनु भैया का दूर का भाई लगता हूँ। मेरी बुआ जी के मामा... खैर आपकी समझ में नहीं आयेगा। यूँ समझ लीजिए मैं मनु भैया का कंट्री कजिन हूँ। आजकल उनकी और इस घर की देखभाल मैं ही करता हूँ।

**डाकू**

ओ..समझा।

**गबरू**

जी नहीं आप नहीं समझे। फिर भी मैं समझता हूँ कि आप जो समझे हैं उतने से काम चल जायेगा।

### डाकू

अजीब आदमी हो।

### गबरू

मेरी छोड़िए अपनी कहिए। आप कौन है, क्या हैं, क्यों हैं यह सब इस चिट पर लिख कर दे दीजिए। अभी मनु भैया घर पर नहीं है। वे जब लौटेंगे तो मैं यह चिट उनको दे दूँगा।

### डाकू

मनु लौटने वाला ही होगा। मैं थोड़ी देर इंतजार कर लेता हूँ।

### गबरू

बहुत अच्छा, आइए। बैठिए। (डाकू बैठता है) नहीं, रुकिए। हम एक अजनबी को घर में बैठने के लिए कैसे कहें? उठिए आप, उठिए। पहले आप यह बताइए कि आप हैं कौन?

### डाकू

डाकू।

### गबरू

डा...कू!

गबरू घबरा जाता है। डाकू को पकड़ कर उस पर चढ़ बैठता है। अपनी धोती से उसके हाथ पाँव बाँध देता है।

**डाकू**

यह क्या कर रहे हो!?

**गबरू**

हम आपको बाँध रहे हैं।

**डाकू**

पर क्यों-क्यों-क्यों...

**गबरू अपना गमछा उसके मुँह में ठूँस देता है।**

**गबरू**

अब करो कियूँ-कियूँ। शहर में अब डाकू भी जैंटलमैन की तरह दिखते हैं। (डाकू को हिलाता है) क्यों इसी बूते पर डकैती करने चले थे? हमारा नाम याद रखना, श्री सच्चिदानंद सिन्हा। लोग हमें गबरू कह कर बुलाते हैं। तुम्हारे लिए हम गब्बर सिंह हैं। अब बताओ तुम्हारा असली नाम क्या है? किसके आदमी हो? कितने आदमी हैं तुम्हारे गिरोह में? कितना ईनाम है तुम्हारे सिर में? सरकार ईनाम दे या न दे पर मनु भैया तो जरूर ईनाम देंगे। बडे डाकू बने फिरते हो, अब बोलते क्यों नहीं?

**डाकू**

आं... गां...

**गबरू**

ऐसे नहीं बोलोगे तुम। मुझे मालूम है तुम्हारे जैसे लोगों से कैसे उगलवाया जाता है। हमने भी सैकड़ों हिंदी फिल्में देखी हैं।

(डाकू को पकड़ कर खूब हिलाता है।) बोलो, बोलो कौन हो तुम?

### डाकू

आं...गां....

### गबरू

यह गां-गां क्या कर रहे हो? अरे धत् तेरे की, तुम्हारे मुँह में तो कपड़ा ठुसा हुआ है, बोलोगे कैसे? तभी गां-गां कर रहे हो। देखो हम कपड़ा खोलते हैं। अगर तुमने हल्ला-गुल्ला किया तो हम तुम्हारा यह जो सिर है न, तुम्हारे धड़ में घुसेड़ देंगे। बोलो मंजूर? मुंडी हिला कर बताओ।

## डाकू सहमति में सिर हिलाता है।

यानी तुम हल्ला करोगे।

### डाकू

आं...आं...गां...गां... (दाएँ-बाएँ सिर हिलाता है।)

## दरवाजे पर घंटी बजती है।

### गबरू

कोई तुम्हारा साथी तो नहीं? खैर देखा जायेगा। (सावधानी से दरवाजा खोलता है।

## मनु का प्रवेश।

ओ मनु भैया आप। देखिए हमने क्या करामात की है। एक डकैत को पकड़ा है।

**मनु**

डकैत!

**गबरू**

हाँ... डकैत।

**मनु**

(जोर से) डकैत!

**गबरू**

हाँ भैया।

**मनु**

पुलिस को फोन किया?

**गबरू**

नहीं।

**मनु**

तो करो न। जल्दी फोन करो।

**गबरू**

पहले इसका नाम पूछते हैं।

**मनु**

ऐ तुम्हारा नाम क्या है? (गबरू से) नहीं बता रहा है।

**गबरू**

कैसे बताएगा, मुँह में कपड़ा जो ठुँसा है।

**मनु**

तो नाम-वाम छोड़ो, पुलिस को फोन करो।

**गबरू**

पहले इसका नाम पूछते हैं। कपड़ा खोलते हैं। मालूम तो हो कि हमने किस डकैत को पकड़ा है।

**डाकू के मुँह से कपड़ा खोलता है।**

**मनु**

(पहचान कर) अरे यह तो डाकू है।

**गबरू**

वही तो हम कह रहे हैं तब से।

**मनु**

गबरू तुम समझे नहीं। इसका नाम ही डाकू है।

**गबरू**

वाह क्या नाम है। यथानाम तथा गुण।

**डाकू**

मनु मेरे हाथ-पाँव खोलो।

**गबरू**

खबरदार मनु भैया।

**मनु**

डाकू, मुझे तुमसे यह उम्मीद नहीं थी।

**गबरू**

डाकू से और कैसी उम्मीद?

**मनु**

कुछ चाहिए था तो मुझसे माँग लेते। डकैती करने की क्या जरूरत पड़ गयी?

**गबरू**

भैया तुम जानते हो इसको?

**मनु**

यह मेरा दोस्त है। था।

**गबरू**

बाप रे क्या जमाना आ गया। दोस्त पर भी भरोसा नहीं किया जा सकता! कलियुग है भैया, घोर कलियुग।

**मनु**

ठीक कहते हो गबरू।

**डाकू**

(चिल्ला कर) चुप करोगे तुम दोनों।

**मनु**

चिल्ला रहा है।

**गबरू**

कहिए तो इसका सिर इसकी गरदन में घुसेड़ दूँ।

**मनु**

नहीं, ऐसा मत करो, दोस्त रह चुका है। पुलिस को बुलाओ।

**डाकू**

अब ओ मनु के बच्चे, यह क्या बकवास है! मैं तुमसे मिलने आया था और तुम्हारे इस नमूने ने मेरी यह गत की है।

**मनु**

चोरी-डकैती करोगे तो और क्या होगा?

**डाकू**

तुम्हें कैसे मालूम हुआ कि मैंने चोरी की है?

**मनु**

गबरू ने बताया।

**गबरू**

हाँ।

**डाकू**

गबरू गदहा है। मेरा नाम सुन कर भड़क गया था।

**मनु**

नाम सुन कर! यानी डाकू?

**डाकू**

हाँ।

**मनु**

यानी तुमने चोरी नहीं की।

**डाकू**

नहीं।

**मनु**

गबरू, तुमने ऐसा क्यों किया?

**गबरू**

लो! क्यों माने? मनु भैया...

**मनु**

चुप। डाकू मेरा दोस्त है।

**गबरू**

अब आप डाकुओं से भी दोस्ती रखते हैं?

**मनु**

यह वैसा वाला डाकू नहीं है गबरू। केवल नाम डाकू है।

**डाकू**

अबे ओ मनु के बच्चे, मेरे हाथ-पाँव खोलेगा या बकवास ही किये जायेगा!

**मनु**

अरे सॉरी यार, गबरू खोलो इसको।

### गबरू डाकू को उलट-पलट कर गाँठें खोलता है।

मैं तुम दोनों का परिचय कराए देता हूँ। डाकू, यह गबरू है यानी सच्चिदानंद सिन्हा। सब लोग गबरू कह कर बुलाते हैं। गबरू, यह है डाकू यानी डरजीत कुमार, मेरा दोस्त।

**डाकू**

कैसे-कैसे लोगों को पाल कर रखते हो। आव देखा न ताव बस आने-जाने वालों पर चढ़ बैठो! देखो कैसे खड़ा है लंगूर की तरह।

**मनु**

कहते तो ठीक हो।

**गबरू**

मनु भैया आप...

**मनु**

तुम्हारे कपड़े क्या हुए गबरू?

**गबरू**

खाली धोती ही तो नहीं है। इनको बाँधने के लिए खोली थी।

**मनु**

अब तो मिल गयी धोती, जाओ पहन कर आओ। मेहमानों के सामने ऐसे थोड़े ही नंगे रहते हैं।

**गबरू जाने लगता है।**

**डाकू**

लाइसेंस है तुम्हारे पास ऐसे आदमी को घर में रखने के लिए?

**गबरू सुन लेता है और गुस्से से पलटता है**

**गबरू**

ए साहेब, अधिक बड़-बड़ के मत बोलिए नहीं तो फिर बाँध देंगे। हम आपकी तरह नहीं हैं। टिकट लगा कर बैरंग नहीं घूमते हैं।

### मनु

अब मैं क्या करूँ... गबरू शांत हो जाओ... डाकू शांत हो जाओ। गबरू डाकू मेहमान है। मेहमानों से इस तरह पेश आते हैं? चाय-वाय पिलाओ तो कुछ बात बने।

**गबरू आँखें तरेरता हुआ अंदर जाता है।**

हाँ भई डाकू, बताओ कैसे आना हुआ?

**धनंजय का प्रवेश।**

### मनु

अरे धनंजय आओ।

### धनंजय

मनु... मनु...।

### मनु

हाँ बोलो क्या बात है?

**धनंजय सिर झुकाए आगे बढ़ता है। डाकू से टकराता है।**

### धनंजय

डाकू... डाकू! मैं बहुत दुखी हूँ... दुखी हूँ। भगवान मेरे दुश्मनों को भी ऐसा समय न दिखाये... न दिखाये।

सोफे की ओर बढ़ता है। पैडस्टल लैंप गिराता है। सेंटर टेबल से टकराता है।

**मनु**

धनंजय एक मिनट। (उसके दोनों हाथ पकड़ कर सोफे पर बिठाता है।) अब बोलो क्या बात है?

**डाकू**

अबे यह उल्लू की तरह सूरत क्यों बना रखी है?

धनंजय उसकी ओर उदास नजरों से देखता है।

लगता है साला पागल हो गया है। आधा तो पहले ही था अब पूरा हो गया है।

**मनु**

नहीं यार। इतना परेशान तो मैंने इसे पहले कभी नहीं देखा। पहले इसकी जबान लगती जरूर थी पर अभी तो यह हर बात को दो बार बोल रहा है। परेशानी के कारण लगता है इसकी इको सैटिंग चेन्ज हो गयी है। ठहरो मैं इसके लिए पानी-वानी लाता हूँ।

अंदर जाता है।

**धनंजय**

डाकू, तुमने कभी किसी को मरते हुए देखा है... देखा है।

### डाकू

(उसे घूरता है।) किसी को मरते हुए तो नहीं देखा है, हाँ मुर्दे को जरूर देखा है।

### धनंजय

कहाँ देखा है... देखा है।

### डाकू

शमशान घाट में।

### धनंजय

कैसे मरा था वह... मरा था वह?

### डाकू

मैंने उससे नहीं पूछा।

**मनु पानी का जग और गिलास लेकर आता है।**

### मनु

लो धनंजय पहले पानी पियो और फिर आराम से बताओ कि तुम क्यों परेशान हो।

**गिलास पकड़ाने की कोशिश करता है। धनंजय पानी गिरा देता है।**

### डाकू

लगता है आज इसे कोई जबरदस्त दौरा पड़ा है। मुझसे पूछ रहा था कि मैंने किसी को मरते हुए देखा है? मैंने कहा मैंने किसी को मरते हुए तो नहीं देखा है, हाँ शमशान में मुर्दे को जरूर देखा है। तो जनाब पूछते हैं कि कैसे मरा था वह? हा हा हा ...

### मनु

कौन?

### डाकू

अरे वही। शमशान घाटवाला मुर्दा।

### मनु

कैसे मरा था वह?

### डाकू

मनु तुम भी! अरे मैं क्या जानूँ कैसे मरा था वह। मैंने कह दिया कि मैंने उससे नहीं पूछा।

### मनु

किससे?

### डाकू

मुर्दे से।

### मनु

क्या नहीं पूछा?

**डाकू**

कि कैसे मरा था वह।

**मनु**

फिर तुम्हें कैसे मालूम हुआ कि कैसे मरा था वह? ओ अच्छा-अच्छा तुम्हें नहीं मालूम था। फिर तुम्हें पूछ लेना चाहिये था ना।

**धनंजय**

मनु... मनु! मैं लुट गया... लुट गया...गया।

**मनु**

धनंजय, एक मिनट यार। डाकू तुम मुझे बताओ कि तुमने क्यों नहीं पूछा?

**डाकू**

अबे अकल के अंधे, वह मुर्दा कैसे बोलता?

**मनु**

गूँगा था क्या?

**धनंजय**

मनु! मैं लुट गया... लुट गया...गया।

**मनु**

जेब कटी है क्या? (धनंजय सिर हिलाता है।)

घर मैं चोरी हुई है? (धनंजय सिर हिलाता है।)

डाका पड़ा है? (धनंजय फिर सिर हिलाता है।)

**डाकू**

अबे तो लुट कैसे गये?

**धनंजय**

डाकू...मनु... मेरा सर्वनाश हो गया... गया।

**डाकू**

एक मिनट धनंजय, तुमने किसी का खून तो नहीं किया है?

**मनु**

खून! खून! यह क्या कह रहे हो डाकू!

**डाकू**

पहले इससे पूछ तो लो। धनंजय, तुमने किसी का खून किया है क्या?

**धनंजय**

खून!

**मनु**

खून! पर खून क्यों! डाकू कहीं तुमने भंग तो नहीं पी रखी है?

**डाकू**

अरे तुम नहीं जानते मनु अभी-अभी यह मुझसे मुर्दों के बारे में बात कर रहा था।

**मनु**

मर्दों के बारे में?

### डाकू

(ऊँची आवाज में) मुर्दा।

### मनु

ओ अच्छा-अच्छा मुर्दा! वही जो गूँगा था। अरे बाप रे! नहीं-नहीं यह नहीं हो सकता है। धनंजय किसी का खून नहीं कर सकता। जरूर कोई गलतफहमी हो रही है। वैसे कौन था वह गूँगा?

### धनंजय

मनु... डाकू... चुप करोगे तुम दोनों... दोनों। मैं तो खुद ही मरना चाहता हूँ। मैं क्या किसी को मारूँगा... मारूँगा?

### मनु

वही तो मैं कहूँ। डाकू यार तुम भी बेपर की हाँक देते हो।

### डाकू

यह बात ही ऐसी कर रहा था।

### मनु

क्या ऐसी बात कर रहा था? बेचारा साफ तो कह रहा है कि वह स्वयं ही मरना चाहता है।

### धनंजय

हाँ...हाँ। मैं तुम लोगों को तकलीफ नहीं देता पर मुझे नहीं मालूम कि कैसे मरा जाता है... है।

### डाकू

किसी ऊँची बिल्डिंग से कूद जाओ।

**धनंजय**

मुझे ऊँचाई से बहुत डर लगता है।

**डाकू**

तो किसी कूएँ में डूब मरो।

**धनंजय**

किस कूएँ में... कूएँ में।

**डाकू**

अबे कूआँ नहीं मिल रहा है तो जहर खालो।

**धनंजय**

कौन सा जहर... जहर!

**डाकू**

कोई भी। चूहे मारने वाला।

**धनंजय**

मैं चूहे की मौत नहीं मरना चाहता।

**डाकू**

तो यार, बाप मेरे, रेल की पटरी पर जा कर सो जाओ।

**धनंजय**

हाँ यह ठीक है... ठीक है। पर...पर...पर...

**डाकू**

पर क्या?

**धनंजय**

ट्रेन का टाइम तो है नहीं। कभी एक घंटे लेट तो कभी ब...ब... बारह। पटरी पर कब तक लेटे रहूँगा!

**मनु**

तुमने कैसे जान लिया कि हमें मरने की तरकीब आती है। क्या हम रोज-रोज मरते हैं?

**डाकू**

अच्छा यह तो बताओ कि तुम मरना क्यों चाहते हो?

**धनंजय**

अब मेरी उम्र पूरी हो गयी है...पूरी हो गयी है। अब जीने में कुछ नहीं रखा है... रखा है।

**डाकू**

तुमने यह कैसे जान लिया कि तुम्हारी उम्र पूरी हो गयी है।

**धनंजय**

क्या करोगे जान कर...जान कर? एक लंबी कहानी है...कहानी है।

**डाकू**

तो ऐसा करो... अभी जा कर आराम करो। आराम से सोच कर कोई हल निकालते हैं। मरने के लिए तो जिन्दगी पड़ी है। जल्दी काहे की?

धनंजय जाता है। मुड़-मुड़ कर देखता जाता है। जाते समय कुछ गमले और तोड़ता है।

### मनु

अजीब सनकी इन्सान है। पता नहीं सुगंधा ने इस में क्या देखा है।

### डाकू

ओ... ओ अब समझ में आया। सुगंधा ने कुछ कह दिया होगा। तभी जनाब की यह हालत हुई है।

### दरवाजे पर घंटी।

### मनु

एक मिनट डाकू। देखूँ कौन है।

### सुगंधा का प्रवेश।

### सुगंधा

कहाँ है वह?

### मनु

कौन, डाकू!

### सुगंधा

नहीं।

### मनु

गबरू?

### सुगंधा

नहीं... नहीं। वह चूहा। वह नाली का कीड़ा। वह बदतमीज इंसान। नहीं-नहीं इंसान नहीं... इंसान की शक्ल में एक... एक... एक...

### डाकू

सुगंधा शायद धनंजय की बात कर रही है।

### सुगंधा

हाँ-हाँ डाकू मैं उसी को खोज रही हूँ। मनु भैया, कहाँ छिपा रखा है तुमने उस नपुंसक कीड़े को।

### मनु

वह यहाँ नहीं है सुगंधा।

### सुगंधा

मुझे तुम्हारा विश्वास नहीं है। तुम्हारा जिगरी दोस्त है वह, जरूर यहीं आया होगा। मैं गबरू से पूछती हूँ। गबरू... गबरू!

### गबरू

(अंदर से आता है) ओ सुगंधा दीदी। अभी इस समय! यहाँ कौन बीमार है?

**सुगंधा**

बकवास मत करो गबरू! तुम यह बताओ कि वह कीड़ा रेंगता हुआ यहाँ आया था कि नहीं?

**मनु**

गबरू, सुगंधा कीडंजय की बात कर रही है।

**गबरू**

कीडंजय?

**मनु**

रेंगनजय... नहीं-नहीं रेंगता हुआ संजय। न, न रेंगन...कीड़न...

**डाकू**

धनंजय।

**मनु**

हाँ-हाँ वही, धनंजय।

**गबरू**

धनंजय आये थे आप से मिलने। पर ज्यादा देर बैठे नहीं। बहुत उटपटांग बक रहे थे।

**मनु**

वह फिर आया था। बहुत परेशान था।

**डाकू**

उसकी परेशानी का कारण समझ में आ रहा है।

### सुगंधा

तुम चुप करो डाकू। मनु भैया, वह कायर फिर तुम्हारे पास जरूर आयेगा। उसे इतना बता देना कि मैं उसे जान से मार डालूँगी। फिर जो होगा देखा जायेगा।

### डाकू

उसने किया क्या है?

### सुगंधा

यह उसी से पूछ लेना। अभी मैं चलती हूॅं।

### डाकू

इतने गुस्से में अस्पताल जाओगी तो मरीजों का क्या इलाज करोगी।

### सुगंधा

मेरे मरीजों को मेरे ऊपर छोड़ दो। तुम अपने उस गंदी नाले के कीड़े की खैर मनाओ।

### जाती है।

### मनु

बापरे!

### डाकू

धनंजय की सचमुच खैर नहीं। लगता है उसने बहुत बड़ी गलती कर रखी है। सुगंधा को इतने गुस्से में पहले कभी नहीं देखा।

**मनु**

चलो आराम से बैठो। यह बताओ कैसे आना हुआ?

**डाकू**

ऐसे ही तुमसे मिलने चला आया था, पर यहाँ आकर तुम्हारे उस देहाती भाई ने...

**मनु**

अब छोड़ो भी, भला गलती किससे नहीं होती? आराम से बैठो।

**डाकू**

मैं आया था तुम्हें कुछ बताने। मनु मैं शादी कर रहा हूँ।

**मनु**

अरे यह तो बहुत अच्छी खबर है। कब कर रहे हो?

**डाकू**

यह तो लड़की से पूछ कर ही बता सकता हूँ।

**मनु**

यह क्या बात हुई, लड़की से पूछा तक नहीं और तुम शादी करने को तैयार हो।

**डाकू**

तुम तो जानते हो मनु कि लड़कियाँ मेरे आगे पीछे घूमती रहती हैं।

### मनु

(लंबी साँस छोड़ते हुए) लो फिर शुरू हो गये?

### डाकू

अरे हकीकत बयान कर रहा हूँ।

### मनु

बको।

### डाकू

बकना क्या सच्ची बात है। रुपया-पैसा, उँचा खानदान, रूप रंग हर तरह मैं सुयोग्य हूँ।

### मनु

गाल पर काला तिल लगा कर घूमा करो, कहीं किसी की नजर न लग जाये। चश्मेबद्दूर।

### डाकू

मजाक कर रहे हो?

### मनु

नहीं मैं बहुत सीरियस हूँ। गबरू तुम्हारे मुँह से कपड़ा न निकालता तो कितना अच्छा होता!

### डाकू

क्या मतलब?

**मनु**

तुम्हारी यह बकवास तो नहीं सुननी पड़ती।

**डाकू**

तुम तो मजाक कर रहे हो। मुझे एक ऐसी लड़की मिली है जिस पर मेरा दिल आ गया है।

**मनु**

लड़की भी चाहती है तुम्हें?

**डाकू**

यह भी कोई पूछने की बात है। क्यों नहीं चाहेगी मुझे? मुझसे मिल कर वह कैसे अपना दिल काबू में रख सकती है।

**फोन की घंटी बजती है। मनु फोन उठाता है।**

**मनु**

(फोन पर) हलो... जी नहीं आप उनसे बात नहीं कर सकते... क्यों?... क्योंकि वे यहाँ नहीं रहते, यहाँ मैं रहता हूँ। (फोन रख देता है)

**डाकू**

किसका फोन था मनु?

**मनु**

पता नहीं यार। कोई किसी मिस्टर विश्वमित्र को पूछ रहा था।

### डाकू

मिस्टर विश्वमित्र? पर मिस्टर विश्वमित्र तो तुम्ही हो!

### मनु

धत् तेरे की। तभी जो मैं कहूँ कि यह नाम इतना जाना पहचाना क्यों लग रहा है।

**जल्दी फोन के पास जा कर फोन उठाने लगता है पर जब उसके ध्यान में आता है कि अब फोन उठाने से कोई लाभ नहीं तो सिर हिलाते हुए वापस आ जाता है। डाकू हँसता है।**

### डाकू

तुम्हारे भुलक्कड़पन के बहुत किस्से सुने थे, पर आज तो कमाल ही हो गया। यानी तुम अपना नाम ही भूल गये।

### मनु

तो इसमें इतना हँसने की क्या बात है? सारी दुनिया मुझे मनु कह कर बुलाती है। अब अचानक मिस्टर विश्वमित्र सुन कर मैं समझ नहीं पाया कि वह मैं ही हूँ तो इसमें कौन सी बड़ी बात हो गयी?

**गबरू चाय लाता है।**

हँसना बंद करो और चाय पियो। चाय आ गयी है।

### गबरू

मनु भैया हम तो धन्य हो गये गाँव जा कर जब हम बताएँगे कि कैसे पहले हमने एक डाकू को पकड़ा और फिर उसे चाय पिलाई तो कोई हमारा विश्वास नहीं करेगा। (डाकू उसे घूरता है।)

**दखाजे पर घंटी। गबरू दखाजा खोलता है। बंटी का प्रवेश।**

### बंटी

गबरू, मनु घर में ही है?

### मनु

लो अब बंटी भी आ गया है। अभी तक तुम अपना किस्सा सुना कर बोर कर रहे थे अब यह बोर करेगा।

### बंटी

वाह आज तो डाकू भी यहीं है। मनु आज तुमको मैं एक ऐसी बात बताऊँगा कि तुम उछल पड़ोगे।

### मनु

लो इसने तो साँस भी नहीं ली और शुरू हो गया। (डाकू से धीमे स्वर में) अब यह कहेगा कि मनु मैं एक लड़की से सच्चा प्यार करने लगा हूँ।

### बंटी

मनु मैं एक लड़की से सच्चा प्यार करने लगा हूँ।

### मनु

(धीमे स्वर में) उस लड़की से तुम मिलोगे तो धाँय हो जाओगे।

### बंटी

उस लड़की से तुम मिलोगे तो धाँय हो जाओगे।

### मनु

(धीमे स्वर में) मैं तुमसे सलाह लेने आया हूँ।

### बंटी

मनु मैं तुमसे सलाह लेने आया हूँ

### मनु

मैं तुम्हें कोई सलाह नहीं दे सकता। तुम्हें सलाह देने का मतलब है आ बैल मुझे मार।

### डाकू

बैल? पर बंटी तो एक आदमी है।

### बंटी

डाकू तुम चुप करो। मनु, मेरा विश्वास करो मैं सचमुच प्रेम में पड़ गया हूँ।

### मनु

तो मैं क्या करूँ? मर जाऊँ! सैकड़ों बार तो तुम प्रेम में पड़ चुके हो।

### बंटी

पर इस बार का प्रेम सच्चा है।

### मनु

तुम हर बार यही कहते हो। अभी पिछले महीने ही तुम्हें रेवती नाम की लड़की से सच्चा इश्क हुआ था।

### बंटी

रेवती नहीं, लतिका।

### मनु

ठीक है, ठीक है रेवती के बाद लतिका होगी। अब कौन है?

### बंटी

प्रेमा, पर सुनो तो सही।

### मनु

क्या सुनूँ? क्या रेवती के साथ तुम्हें सच्चा प्यार नहीं था?

### बंटी

नहीं।

### मनु

रेवती के साथ नहीं तो क्या नाम बताया... लतिका के साथ?

### बंटी

तुम बोले जाओगे या मेरी भी सुनोगे? इस बार प्रेमा के साथ जो हुआ है न...

### मनु

यह प्रेमा कौन है?

**बंटी**

प्रेमा नाथ। रघुनाथ की पत्नी।

**मनु**

यह रघुनाथ कौन है?

**बंटी**

तुम उसे नहीं जानते।

**मनु**

यदि जानता तो पूछता ही क्यों।

**बंटी**

कनकपुर में रहता है। अपना रमेश है न, उसकी जान पहचान में है। चप्पलों का व्यापारी है।

**मनु**

रमेश?

**बंटी**

हाँ।

**मनु**

चप्पल?

**बंटी**

हाँ।

**मनु**

रमेश कंब से चप्पलों का व्यापार करने लगा?

**बंटी**

रमेश नहीं यार, रघु चप्पलों का व्यापार करता है।

**मनु**

वही तो मैं कहूँ कि रमेश को क्या हो गया जो अपना खानदानी धंधा छोड़ कर चप्पलों का व्यापार करने लगा।

**बंटी**

वही तो बता रहा हूँ कि चप्पलों का व्यापारी रमेश नहीं रघु है, रघु, रघुनाथ।

**मनु**

यह रघुनाथ कौन है?

**बंटी**

मनु होश की दवा करो। इतनी सीधी सी बात नहीं समझ पा रहे हो कि रघुनाथ कनकपुर में चप्पलों का व्यापारी है।

**मनु**

लो, तुम ठीक से बता नहीं पा रहे हो और होश की दवा मैं करूँ? जब तुम किसी आदमी के बारे में मुझे बता रहे हो तो बताने का कोई-न-कोई कारण तो होगा?

**बंटी**

मतलब... कारण...

**मनु**

चुप। पहले मुझे अपनी बात पूरी कर लेने दो। यह आदमी क्या नाम बताया?

**बंटी**

रघुनाथ।

**मनु**

हाँ जो भी है वह चप्पलों का व्यापारी है।

**बंटी**

कनकपुर में।

**मनु**

हाँ जो भी है वह चप्पलों का व्यापारी है।

**बंटी**

कनकपुर में।

**मनु**

हाँ-हाँ कनकपुर में। वह कनकपुर में चप्पलों का व्यापारी है, तो हुआ करे। उसके बारे में जान कर मैं क्या करूँगा?

**बंटी**

मैं तुम्हें रघुनाथ के बारे में नहीं बता रहा था।

### मनु

तो अब तक क्या कर रहे थे?

### बंटी

(धैर्य खोते हुए) मैं तुम्हें प्रेमा के बारे में बता रहा था।

### मनु

प्रेमा कौन है?

### बंटी

रघुनाथ की पत्नी। (मनु के चेहरे में घोर परेशानी के लक्षण) यह वही लड़की है जो मुझसे प्यार करती है।

## गबरू का प्रवेश

### मनु

समझ गया। तुम रेवती से प्यार करते हो, नहीं-नहीं क्या नाम बताया.. हाँ लतिका। तुम लतिका से प्यार करते हो और यह प्रेमा तुमसे प्यार करती है।

### डाकू

नहीं मनु तुम ठीक नहीं समझे। ठहरो मैं समझाता हूँ। (एक कप एक ओर रखता है और उसकी ओर इशारा करता है) यह लतिका है, ठीक है।

### मनु

ठीक है।

**डाकू**

(एक प्लेट लेकर) यह बंटी है, ठीक है।

**मनु**

ठीक है।

**डाकू**

(गिलास ले कर) और यह प्रेमा है। ठीक है।

**मनु**

ठीक है।

**डाकू**

अब यह जो प्लेट का कप के साथ प्यार था वह प्यार नहीं था।

**मनु**

हाँय!

**बंटी**

कहने का मतलब वह प्यार नहीं केवल आकर्षण था।

**डाकू**

यहाँ तक ठीक है।

**मनु**

हाँ।

### डाकू

अब इस प्लेट को यानी बंटी को इस गिलास से यानी प्रेमा से प्यार हो गया है। समझे?

### मनु

समझ तो गया पर यह बंटी कुछ और भी कह रहा था कि यह गिलास किसी भूतनाथ की पत्नी है।

### डाकू

भूतनाथ नहीं रघुनाथ।

### मनु

वही।

### डाकू

(एक बिस्कुट ले कर) यह रघुनाथ है।

### मनु

तो जब यह बिस्कुट और गिलास शादीशुदा हैं तो बंटी इस गिलास से कैसे प्यार कर सकता है?

### बंटी

क्यों नहीं कर सकता?

### मनु

हाँ, वह तुम कर सकते हो। यदि किसी लैंपपोस्ट में साड़ी लपेट दी जाये तो तुम साले उससे भी इश्क करने लगोगे।

अब समय आ गया है बंटी कि तुम दो तीन बॉडीगार्ड साथ रखा करो।

### बंटी

क्यों?

### मनु

तुम रघुवंश की पत्नी से इश्क करो और वह चुपचाप बैठा देखता रहेगा?

### बंटी

नहीं ऐसी बात नहीं है। वह दोनों बहुत जल्दी अलग होने वाले हैं।

## बंटी टेबल पर रखा बिस्कुट खा जाता है।

### गबरू

बंटी भैया आप रघुनाथ जी को खा गये।

### बंटी

अच्छा मनु मैं अभी चलता हूँ। प्रेमा आज कनकपुर से आ रही है और आज ही मुझसे मिलने वाली है।

## जाता है।

### डाकू

लगता है कि बंटी सब कुँवारी लड़कियों से इश्क कर चुका है और अब शादीशुदाओं की बारी है।

**फोन की घंटी बजती है। मनु फोन उठाता है।**

### मनु

(फोन पर) हलो... क्या कहा रघुनाथ... एक मिनट। (चोंगे पर हाथ रख कर डाकू से) डाकू उसी आदमी का फोन है, बंटी की प्रेमिका का पति। (फोन पर) बोलिए बिस्कुट जी... जी नहीं... बस ऐसे ही मुँह से निकल गया। क्या कहा कर्नल चाचा ने कहा है...

**दरवाजे पर घंटी। गबरू दरवाजा खोलता है। प्रेमा का प्रवेश।**

### प्रेमा

मैं प्रेमानाथ हूँ। आप शायद मनु हैं।

### गबरू

जी नहीं मेरा नाम सच्चिदानंद सिन्हा है। लोग मुझे गबरू कह कर बुलाते हैं। आइए, इनसे मिलिए ये डाकू हैं, घबराइये नहीं ये बस नाम के डाकू हैं और वो रहे मनु भैया।

### मनु

(फोन रख कर) आइए प्रेमाजी बैठिए। मेरा नाम मनु है। अभी-अभी मैं आपके पति से बात कर रहा था। वे आपके बारे में पूछ रहे थे कि आप पहुँची या नहीं। वे खुद शाम को पहुँच रहे हैं। आपलोगों को कर्नल चाचा ने भेजा है न?

**प्रेमा**

जी।

**मनु**

बस तो आप इसे अपना ही घर समझिए। चलिए मैं आपको आपका कमरा दिखा दूँ।

**मनु और प्रेमा अंदर जाते हैं। गबरू और डाकू एक दूसरे को घूरते हैं।**

**गबरू**

चाय पीयेंगे आप?

**डाकू**

नहीं।

**गबरू**

मिठाई लायें?

**डाकू**

नहीं।

**गबरू**

पानी?

**डाकू**

नहीं।

**गबरू**

लगता है आप हमसे बहुत गुस्सा हैं।

**डाकू**

नौकर हो, नौकर की तरह ही रहो।

**गबरू**

ए डाकू साहब, नौकर होंगे आप। नौकर-वौंकर कहिएगा तो हम फिर आपको बाँध देंगे। समझे आप?

**मनु अंदर से आता है।**

**मनु**

क्या हुआ गबरू?

**गबरू**

क्या हम आपके नौकर है?

**मनु**

नहीं गबरू, कौन कहता है तुमको नौकर?

**गबरू**

ये आपके दोस्त।

**मनु**

डाकू मैंने तुमसे कहा था न कि गबरू मेरा छोटा भाई लगता है।

**गबरू**

भैया, हम आपसे एक बात कहने वाले हैं।

**मनु**

हाँ-हाँ कहो।

**गबरू**

कल आप घर पर ही रहियेगा, कहीं मत जाइयेगा।

**मनु**

क्यों?

**गबरू**

कल हमारा एक मेहमान आ रहा है।

**मनु**

कौन मेहमान?

**गबरू**

कल हमने अपनी गर्लफ्रेंड को यहाँ बुलाया है, आपसे मिलाने के लिए।

**मनु**

हाँय।

### गबरू

अब प्यार हो ही गया है तो क्या करें? प्यार किया तो डरना क्या।

### डाकू

कोई बदनसीब होगी।

### गबरू

क्यों सब नसीबवालियों का ठेका आपने ले रखा है?

### मनु

आ हा चुप करोगे तुम दोनों। कौन है वह लड़की गबरू?

### गबरू

कल मिल लीजियेगा। आगाज तो अच्छा है अंजाम भी अच्छा ही होगा।

## जाता है।

### मनु

लगता है प्यार करने का मौसम है। तुम प्यार कर रहे हो, बंटी प्यार कर रहा है और अब गबरू भी प्यार कर रहा है। केवल मेरा ही बुरा हाल है।

### डाकू

क्यों तुम्हारी मंगेतर लता है तो सही।

### मनु

वह बहुत गुस्से में है। मैं उसका जन्मदिन भूल गया था।

### डाकू

सुना है कि लोग अपनी बीबी का जन्मदिन भूल जाते हैं पर अपनी मंगेतर का भी जन्मदिन कोई भूलता है... तुमको छोड़ कर।

**हँसते हुए जाता है। अंदर से प्रेमा आती है।**

### प्रेमा

मनु जी।

### मनु

ओ मिसेज रघुवंश। आइए बैठिए। आप मुझे मनु बुला सकती हैं। मनु जी सुनकर ऐसा लगता है जैसे हम फॉरमली इंफार्मल हो रहे हों। मनु। सारी दुनिया मुझे मनु बुलाती है।

### प्रेमा

अच्छा मनु। आप भी मुझे प्रेमा बुला सकते है।

### मनु

प्रेमा।

### प्रेमा

मनु।

**मनु**

हाँ अब हिसाब ठीक बैठा।

**प्रेमा**

मनु, मैं तुम्हें एक तकलीफ दे सकती हूँ।

**मनु**

हाँ-हाँ क्यों नहीं। एक क्यों दर्जनों तकलीफें दो। मुझे अच्छी लगती है तकलीफें।

**प्रेमा**

अभी तो एक ही से काम चलाओ। मेरी सैंडल का बकल अटक गया है नहीं खुल रहा है।

**मनु**

अभी खोल देता हूँ। यह कौन सी बड़ी बात है। बड़ा बदतमीज प्रकार का बकल है जो तुमको तकलीफ दे रहा है।

**प्रेमा के पैर के पास बैठ कर बकल खोलने लगता है। लता का प्रवेश।**

**लता**

लगता है मैं गलत समय पर आ गयी।

**मनु**

(चौंक कर) अरे लता!

# प्रेमा जाती है।

**लता**

बड़ा रोमांटिक सीन था।

**मनु**

कहाँ कुछ भी तो नहीं।

**लता**

दरवाजा तो बंद कर लिया होता।

**मनु**

दरवाजा खुला था क्या? डाकू खुला छोड़ कर चला गया होगा। ओ... माने... मेरे कहने का मतलब है... दरवाजा बंद करने लायक कोई बात ही नहीं थी।

**लता**

यानी खुल्लमखुल्ला।

**मनु**

अब... गब... बबम...

**लता**

सच कहूँ तो सही समय पर आ गयी, नहीं तो ऐसा रोमांटिक सीन मिस कर जाती।

**मनु**

क... कोई रोमांटिक सीन नहीं था। वह प्रेमा थी... प्रेमा... मेरे साथ रह रही है।

**लता**

तुम्हारी साथ रह रही है। (रुआँसी होती है) बात इतनी आगे बढ़ गयी है और मुझे पता तक नहीं!

**मनु**

उतनी आगे बात नहीं बढ़ी है लता।

**लता**

मनु तुम शादी मुझसे करने वाले हो, और रह किसी और के साथ रहे हो। ऐसा तुमने मेरे साथ क्यों किया मनु। मुझे तुमसे ऐसी आशा नहीं थी।

**मनु**

त... तो कैसी आशा थी... म... मेरा मतलब है क्यों नहीं थी ऐसी आशा... कक.. कहने का मतलब है...

**लता**

यह लो। (लता उसे अपनी अँगूठी देती है।)

**मनु**

यह क्या है? अरे यह तो अँगूठी है। इसे ले कर मैं क्या करूँगा। यह तो मैंने तुमको दी थी.. तुम क्यों वापस कर रही हो?

**लता बिलखती हुई जाती है।**

### मनु

माने... माने... इसका मतलब हुआ... हे भगवान! (सिर पकड़ कर बैठ जाता है।)

मंच पर प्रकाश फेडआउट होता है और केवल मनु पर स्पॉट रहता है। वह भी फेडआउट होता है और मंच पर अंधकार।

# दृश्य दो

### नेपथ्य से

बेचारा मनु। है तो वह बहुत बुद्धिमान, पर समझने में थोड़ा समय लगता है। यहाँ हुआ भी तो बहुत कुछ है। कोई विश्वास कर सकता है कि आजकल के जमाने में गबरू जैसे लोग भी रहते हैं जो डाकू को असली डाकू समझ बैठें। खैर, यह सब कल दिन की बातें थीं। कल शाम को श्रीमान रघुवर नाथ यानी प्रेमा के पति भी यहाँ आ पहुँचे हैं। आइए देखते हैं आज क्या होने वाला है।

अंधकार।

मंच पर धीरे-धीरे प्रकाश आता है। सुबह का समय है। मनु सोफे पर बैठा अखबार पढ़ रहा है और चाय पी रहा है। प्रेमा अंदर से चाय का कप हाथ में ले कर आती है।

### मनु

आओ-आओ प्रेमा (उठ कर खड़ा हो जाता है) बैठो-बैठो।

### प्रेमा

यह आज का पेपर है?

प्रेमा खाली हुई जगह पर बैठ जाती है।

### मनु

(घूर कर प्रेमा को देखता है) यह आज का ही पेपर है। कल का पेपर मैंने कल ही पढ़ लिया था। यह लो तुम भी पढ़ो।

बेदिली से दो पेज अलग कर प्रेमा को देता है। मनु दूसरी जगह बैठ जाता है और पेपर पढ़ने में तल्लीन हो जाता है। रघुनाथ आता है और मनु के सामने झुक कर पेपर पढ़ने लगता है यानी एक ओर मनु और दूसरी ओर रघु। पढ़ते-पढ़ते और पन्ने पलटते-पलटते वह पूरा पेपर ही मनु से ले लेता है। मनु खीझ कर कुर्सी से उठ जाता है। रघु उसी कुर्सी पर आराम से बैठ जाता है और तल्लीन हो मनु की चाय पीने लगता है। मनु वहाँ से जाने लगता है तो रघु उसे देखता है।

### रघु

गुडमॉर्निंग विश्वमित्र जी। यह हाइजैकिंग वाला किस्सा आपने पढ़ा?

### मनु

पढ़ तो नहीं पाया पर देख जरूर लिया।

**रघु**

देख लिया! क्या कह रहे हैं आप!

**मनु**

कुछ नहीं, कुछ नहीं। आप पेपर पढ़ लीजिए, मैं बाद में पढ़ लूँगा।

> ढीले-ढाले कदमों से अंदर जाता है। प्रेमा और रघु पेपर पढ़ते रहते हैं तथा चोरी से एक दूसरे को देखते भी हैं। थोड़ी देर बाद रघु पेपर रख देता है और कुछ सोचते हुए चाय की चुस्की लेता रहता है।

**रघु**

साला, नाम गोविंद शर्मा और काम दूसरों की बीबी चुराना।

**प्रेमा**

क्यों ओछेपन पर उतर रहे हो?

**रघु**

कोई आपकी बीबी हाईजैक करके ले जाय तो भी आप मुँह बंद करके बैठे रहें। कुछ कहेंगे तो ओछापन हो जायेगा।

**प्रेमा**

तुमको मालूम है कि उसने न तो तुम्हारी बीबी चोरी की है और न हाईजैक।

### रघु

तुम तो उसकी वकालत करोगी ही। तुम्हारा यार जो ठहरा। मैं डंके की चोट पर कह सकता हूँ कि तुम्हारे उस दिलफैंक आशिक ने तुमको मुझसे चुराया है।

### प्रेमा

रघु इस तरह की बातें करके कोई फायदा नहीं है। तुम अच्छी तरह जानते हो कि कोई चोरी-वोरी नहीं हुई है।

### रघु

कैसे नहीं हुई है? वह मेरी गैरहाजिरी में तुमसे मिलने मेरे घर आया है कि नहीं?

### प्रेमा

आया है पर...

### रघु

कोई पर-वर नहीं, हाँ तुम्हारे पर जरूर निकल आये हैं। और वह चोर है पक्का चोर।

### प्रेमा

मैं कोई चीज नहीं जो कोई चुरा ले! उसने पहल जरूर की थी पर मैं भी तो मना कर सकती थी।

### रघु

तो क्यों नहीं किया मना?

**प्रेमा**

मुझे बंटी अच्छा लगा।

**रघु**

बंटी? आश्चर्य है। मैं तो समझ रहा था कि तुम गोविंद शर्मा से फँसी हो।

**प्रेमा**

छि-छि, कितनी हल्की बातें करने लगे हो तुम!

**रघु**

जिसकी पत्नी इतना भारी काम करे उसकी तो हर बात ही हल्की लगेगी। कल गोविंद शर्मा और आज बं...

**प्रेमा**

बंटी उसका प्यार का नाम है।

**रघु**

ओ...अ...उ... (स्वगत) बंटी। गोविंद शर्मा। साला लाल टाई वाला बंदर।

## विराम।

**प्रेमा**

अच्छा हुआ जो तुमने जिक्र छेड़ा। वैसे आजकल में मैं तुमको बताने ही वाली थी।

**रघु**

आखिर क्यों प्रेमा?

### प्रेमा

तुम्हारे साथ रहते-रहते मेरी जिंदगी बेमाने हो गयी है रघु। मैं ऊब गयी हूँ। तुम्हारे साथ रहते-रहते तो वही कहावत हो गयी है कि सुबह होती है शाम होती है जिंदगी यूँ ही तमाम होती है।

### रघु

और उसके साथ, सुबह नहीं होती? शाम नहीं होती? क्या वह हमेशा लाल टाई में रहता है?

### प्रेमा

(स्वप्निल हो कर) उसके साथ समय का अंदाज ही नहीं रहता कि कब सुबह हो रही है और कब शाम।

### रघु

(कुढ़ कर) हमेशा दिन के बारह बजे रहते हैं।

### प्रेमा

रघु मैं बंटी से शादी करना चाहती हूँ। मुझे विश्वास है तुम तुझे जल्दी आजाद कर दोगे।

### रघु

इस विश्वास का कारण?

### प्रेमा

तुम एक भले इंसान हो।

### रघु

एक लाल टाई के पीछे तुम एक भले इंसान को छोड़ सकती हो।

### प्रेमा

रघु इस तरह बात करने से कोई फायदा नहीं है। तुम्हारे और मेरे बीच सबकुछ समाप्त हो गया है। बंटी से मुझे प्यार है मैं अभी उसी के पास जा रही हूँ।

**विराम। रघु उद्विग्रता दिखाता है। गबरू और जयमाला का प्रवेश।**

### गबरू

आओ, आओ माला। इनसे मिलो। श्री रघुवर नाथ। मैंने कर्नल चाचा के बारे में बताया था न उन्हीं की जान पहचान में हैं। आओ तुमको मैं मनु भैया से मिलाता हूँ। उधर होंगे...

**गबरू जयमाला को खींच कर ले जाता है। रघु बड़ी ललक से उन दोनों को देखता है।**

### जयमाला

सच्ची, यह क्या कर रहे हो,
क्यों ऐसे खींच रहे हो!
जो चाहते हो अपनी भलाई,
छोड़ दो मेरी कलाई।

## दरवाजे पर घंटी।

### गबरू

(जयमाला से) तुम एक मिनट यहीं रुको। दरवाजे पर कौन है देख कर आता हूँ।

## बंटी का प्रवेश।

अरे बंटी भैया तुम? आओ-आओ। नहीं रुको। अगर मनु भैया से मिलने आये हो तो यहीं रुक जाओ। मनु भैया से मिलने मैं जा रहा हूँ माला के साथ।

### बंटी

कौन माला?

### गबरू

माला माने... (स्वगत) गबरू सावधान, क्या पता बंटी भैया माला से ही इश्क बघारने लग जायें।

### बंटी

अरे बता न कौन माला।

### गबरू

माला नहीं समझते तुम? मोती की माला। मनु भैया लता के लिए खरीदने वाले हैं।

### रघु

(स्वगत) समझदार आदमी है यह गबरू। यह बंटी लगता है कोई छूत की बीमारी है जो जवान और सुंदर लड़कियों को पकड़ लेती है।

### गबरू

बंटी भैया इनसे मिलो। श्री रघुवर नाथ। मनु भैया के मेहमान। रघुनाथ जी ये हैं श्री गोविंद शर्मा यानी बंटी भैया।

### रघु

यानी छूत की बीमारी।

### बंटी

जी?

### रघु

जी कुछ नहीं। खुशी हुई आपसे मिल कर।

### गबरू

आपलोग बातें कीजिए। मैं चला।

**गबरू और जयमाला अंदर जाते हैं।**

### रघु

कभी-कभी प्यार में लोगों के नामों की अच्छी दुर्गति बनती है। गबरू को ही ले लीजिए, नाम है सच्चिदानंद सिन्हा पर लोगों ने मारे प्यार के उसका नाम रख दिया है गबरू। अब गबरू को उसकी प्रेमिका प्यार से बुलाती है सच्ची।

**बंटी**

जी?

**रघु**

आपने अवश्य सुना होगा, गबरू की प्रेमिका गबरू को सच्ची कह कर बुला रही थी।

## विराम।

आपने अपनी प्रेमिका का दूसरा नामकरण नहीं किया?

**बंटी**

जी?

**रघु**

आप मुझसे बात करने में झिझक रहे हैं। सोच रहे होंगे कि क्या एक नाम के दो व्यक्ति हो सकते हैं?

**बंटी**

ज...जी?

**रधु**

आप मेरी बीबी से शादी करना चाहते हैं न?

**बंटी**

ज...ज्जी।

**रघु**

घबराते क्यों हैं बंटी...जी। आप इतमिनान से बैठिए। मुझे सब मालूम है। प्रेमा ने मुझे सब बता दिया है।

**बंटी थोड़ी दूर सरकता है।**

आप एकदम चिंता न करें। पता नहीं प्रेमा ने आपको मेरे बारे में क्या बता रखा है, पर मैं बहुत ही सभ्य आदमी हूँ। आप को चीर-फाड़ कर नहीं खा जाऊँगा। (स्वगत) हालाँकि मेरा दिल तो यही करता है। (प्रकट) अच्छा आप एक बात बताइए।

**बंटी**

जी?

**रघु**

आप प्रेमा से क्यों शादी करना चाहते हैं?

**बंटी**

जी?

**रघु**

अरे यार मर्दों में बात हो रही है, जी से आगे भी तो बढ़ो।

**बंटी**

जी?

### रघु

लगता है आप मर्दों से बात करने के आदी नहीं हैं। केवल लड़कियाँ देख कर ही चहचहाते हैं, क्यों?

**बंटी बहुत ही असहज है। कोई उत्तर नहीं देता है।**

लो आपने तो जी कहना भी बंद कर दिया! बंटी... जी मैं आपसे कुछ पूछ रहा था। आप जवान हैं। किसी की नजर न लगे, बहुत हसीन भी हैं। पैसा भी आपके पास होगा ही, नहीं तो प्रेमा आपकी तरफ आँख उठा कर भी नहीं देखती। कहने का मतलब है कि शादी के मार्केट में आपके भाव बढ़े होंगे। तो फिर यह आप सेकैंड हैण्ड शादी क्यों कर रहे हैं। प्रेमा कोई पुरानी विंटेज कार तो है नहीं। (विराम) वैसे आप कार चुराते तो शायद फायदा ही होता। बीबी चुरा कर तो मुझे कोई फायदा नहीं दिखता।

### बंटी

जी मैंने कोई चोरी नहीं की है।

### रघु

शुक्र है आप कुछ बोले तो। पर भई मैं तो इसे चोरी ही कहूँगा।

### बंटी

प्रेमा मुझसे प्यार करती है।

### रघु

ठीक उसी तरह जैसे एक सीधी राह चलती घोड़ी लाल कपड़ा देख कर बिदक जाती है।

### बंटी

मैं समझा नहीं।

### रघु

कुछ नहीं, कुछ नहीं। मैं कह रहा था कि आपकी लाल टाई बड़ी सुंदर है।

## मनु अंदर से आता है।

आइए-आइए विश्वमित्र जी। आपके मित्र श्री बंटी जी आपका इंतजार कर रहे हैं। मैं अपनी बातों से इनका मनोरंजन कर रहा था।

### मनु

अच्छा किया। बहुत अच्छा किया। अभी मैं बंटी को ही फोन करने वाला हूँ। (फोन के पास जा कर) ओ अच्छा-अच्छा बंटी यहीं मौजूद है तभी आप उसका मनोरंजन कर रहे थे। (बंटी से) अरे बंटी मैं तुमको फोन ही करने वाला था। अच्छा हुआ जो तुम यहीं मिल गये। यार बात यह है कि गबरू शादी करने वाला है। अपनी होने वाली बीबी को मुझसे मिलाने लाया है। मैं आज शाम को उन दोनों को दावत देना चाहता हूँ। इसलिए इंतजाम करने में तुम्हारी मदद चाहिये।

## गबरू का प्रवेश।

### बंटी

ठीक है कितने लोगों को बुला रहे हो?

### रघु

विश्वमित्र जी आप बंटी जी को क्यों तकलीफ दे रहे हैं? मैं हूँ न मदद करने के लिए।

### गबरू

अरे मनु भैया हमारे कारण परेशान मत होइए। हम अभी सब इंतजाम किये देते हैं।

### मनु

अब तुम्हारे लिए दावत हो रही है और तुम्ही इंतजामिया बनोगे तो अच्छा थोड़े ही लगेगा।

### गबरू

एक होटल से बात कर लेते हैं सब इंतजाम उन्हीं का रहेगा।

### मनु

हाँ यह ठीक रहेगा।

### गबरू

तो आप माला के पास बैठिए, मैं गया और सब ठीक करके, बात पक्की करके अभी आया।

## जाता है।

### मनु

चलो, सब ठीक हो गया। बंटी तुम अपनी उसको भी ले आना, तुम्हारी वह लेटेस्ट। रघुवंश जी...

### रघु

रघुनाथ। मेरा नाम रघुनाथ है। रघुवंश नहीं।

### मनु

मैंने रघुवंश कहा क्या? आई एम सॉरी। तो मैं कह रहा था रघुवंश जी... नाथ कि... मैं क्या कह रहा था?

### रघु

यह तो आप ही बता सकते है।

### मनु

(हँसते हुए) हा हा हा हा जो मैं कह रहा था वह मैं ही तो कह सकता हूँ। दूसरा कैसे कह सकता है? हा हा हा हा पर मैं कह क्या रहा था... हाँ याद आया। मैं कह रहा था कि यह जो बंटी है न यह कलयुग का कन्हैया है। पर आदमी बड़े सिद्धांत वाला है। एक बार में एक ही लड़की से प्यार करता है।

### बंटी

चुप करो मनु।

### मनु

अरे क्यों चुप करूँ? आजकल इसका चक्कर एक शादीशुदा लड़की के साथ चल रहा है, क्या तो भला सा नाम है उसका..कप.. बिस्कुट...गिलास...

### रघु

उसका नाम प्रेमा है।

**मनु**

हाँ-हाँ प्रेमा। पर आपको कैसे मालूम?

**रघु**

बंटी जी प्रेमा बन संवर कर आप ही से मिलने गयी है। मेरी सलाह है कि आप जल्दी वहाँ चले जाइए जहाँ मिलने का वादा है। प्रेमा इंतजार नहीं कर सकती है। वैसे भी देर करेंगे तो मधुर क्षण बीत जायेगा।

**बंटी खिसक जाता है।**

**मनु**

आपको कैसे मालूम हुआ कि बंटी का चक्कर प्रेमा के साथ चल रहा है?

**जयमाला अंदर से आती है।**

**जयमाला**

मनु भैया, तो आप बैठे हैं इस ओर।

ये न सोचा कि हम हो रहे हैं बोर।

**रघु**

आप यहाँ हमारे साथ बैठिए, हम बोरियत को आपको पास फटकने तक नहीं देंगे।

**मनु**

(परेशान) रघुवंश...नाथ जी आप एक मिनट इधर आइए।

**रघु**

(पास जा कर) कहिए।

**मनु**

आपको कैसे मालूम हुआ कि बंटी का चक्कर प्रेमा...

**रघु**

वह मेरी बीबी है।

**मनु**

कौन?

**रघु**

प्रेमा।

**मनु**

हाँ-हाँ मुझे मालूम है। कल ही तो वह यहाँ आयी है। पर मैं बंटी की बात कर रहा था जो प्रेमा के साथ... नहीं-नहीं यह कैसे हो सकता है?

**दरवाजे पर घंटी। मनु दरवाजा खोलता है। डाकू का प्रवेश।**

**मनु**

आओ डाकू।

**डाकू**

मनु देखो मेरे साथ कौन आया है!

पीछे-पीछे धनंजय लंगड़ाते हुए आता है। बाल बिखरे हैं। कमीज फटी है।

### मनु

अब तुम भिखमंगों से कब से दोस्ती करने लगे।

### धनंजय

मनु मैं भिखमंगा नहीं हूँ... नहीं हूँ।

### मनु

यह आवाज तो जानी पहचानी है।

### डाकू

यह आदमी भी तुम्हारा जाना पहचाना है।

### धनंजय

मनु मैं धनंजय हूँ... हूँ।

### मनु

धनंजय! यह क्या हुलिया बना रखा है?

### धनंजय

मेरी यह हालत मेरे कर्मों ने की है।

### मनु

तुम्हारे कौन? कितने आदमी थे? ओ.. अच्छा-अच्छा तुम्हारे कर्म।

### रघु

आपकी हालत देख कर लगता है कि आपने कोई बहुत बड़ा कुकर्म किया है।

### मनु

धनंजय, कहीं सुगंधा ने तो तुम्हारी यह गत नहीं बनायी? तुम्हारे जाने के बाद ही वह आयी थी। बहुत गुस्से में थी। (धनंजय सहमति में सिर हिलाता है।) अरे ओ बेवकूफ जब वह इतने गुस्से में थी तो तुम उसके सामने गये ही क्यों?

### धनंजय

मनु मैं नहीं गया था उसके सामने...सामने। वही आयी थी मुझे खोजते हुए... खोजते हुए। मैं तो मरने का कोई आसान तरीका खोज रहा था...रहा था। जब मरने का कोई तरीका नहीं मिला... नहीं मिला तो मैं बंटी के यहाँ छिप गया... छिप गया।

### डाकू

वाह क्या बुद्धि पायी है। अंडरग्राउंड हुआ भी तो कहाँ, बंटी के यहाँ जिसे सूचना विभाग का लाउडस्पीकर कहा जाता है। जाहिर है पहला काम बंटी ने यह किया होगा कि जाकर सुगंधा को बता दिया होगा।

### धनंजय

शायद। सुगंधा खोजते हुए वहीं पहुँच गयी... पहुँच गयी। (रोता है) मनु सुगंधा ने... ने मेरे साथ नाता तोड़ दिया है... दिया है।

**डाकू**

यार उसने नाता तोड़ा तो तोड़ा, पर तुमको तोड़ने की क्या जरूरत पड़ गयी?

**धनंजय**

अब कोई कुछ नहीं कर सकता है...सकता है। मनु मैं सचमुच मरना चाहता हूँ...चाहता हूँ।

**मनु**

ठीक है, ठीक है मर लेना। देखो तुम्हारे सिर से खून निकल रहा है। पहले मरहम पट्टी करवा लो, फिर विचार करेंगे। डाकू तुम धनंजय को हास्पिटल ले जाओ।

**डाकू और धनंजय जाते हैं। मंच में जो जहाँ था वहीं फ्रीज हो जाता है।**

मध्यांतर

**मध्यांतर के बाद मंच में सब अपनी-अपनी जगह पर आते हैं। मंच पर प्रकाश। डाकू का प्रवेश।**

**मनु**

आओ डाकू। धनंजय कहाँ है?

**डाकू**

उसे उसके घर छोड़ आया हूँ।

### मनु

मरहम-पट्टी हो गयी?

### डाकू

हाँ हो गयी है। जानते हो अस्पताल में मरहम-पट्टी के लिए किसकी ड्यूटी थी?

### मनु

सुगंधा!

### डाकू

हाँ यार। सुगंधा ही ड्यूटी पर थी। इस बेरहमी से उसने धनंजय की मरहम-पट्टी की कि मत पूछो। बेचारा बिलबिला उठा। उन दोनों के बीच सब समाप्त हो गया है।

### मनु

यह तो बहुत बुरा हुआ।

### डाकू

(इधर उधर देख कर) मनु वह तुम्हारा देहाती भाई आसपास तो नहीं है न।

### मनु

बार-बार एक ही गलती थोड़े ही करेगा वह। अब तो वह जानता है कि तुम डाकू नहीं हो यानी डाकू ही हो पर डाकू नहीं हो।

### डाकू

समझ गया। समझ गया। यार आज एक अनहोनी हो गयी, कल मैं एक लड़की के बारे में बता रहा था न वह तुझे चरका दे गयी।

### मनु

क्यों क्या हुआ?

### डाकू

मिलने ही नहीं आयी। आज तक किसी लड़की ने मेरे साथ ऐसा नहीं किया। (जयमाला को देखता है) लो आ ही गयी न। मेरा पता लगाते-लगाते यहाँ पहुँची होगी।

### मनु

कौन?

### डाकू

जयमाला, जो वहाँ बैठी है।

### मनु

यह कैसे हो सकता है?

### डाकू

कैसे नहीं हो सकता? मेरे व्यक्तित्व का आकर्षण है।

### मनु

यानी यह जो लड़की बैठी है...

### डाकू

हाँ यार यह वही है, जयमाला, जिसके बारे में मैं कल तुम्हें बता रहा था।

### मनु

(सिर पकड़ कर) यह क्या हो रहा है! जिसको जो होना चाहिये वह हो भी रहा है और नहीं भी हो रहा है। अजीब चक्कर है। (अंदर जाता है।)

### जयमाला

माथे पर बल हैं माने बहुत हैरान हैं।
मनु भैया दिख रहे बहुत परेशान हैं।

### रघु

परेशान दिख ही नहीं रहे हैं, परेशान हैं भी। (हल्के स्मित के साथ जयमाला को देखते हुए) कुछ-कुछ मेरी समझ में आ रहा है कि वे क्यों परेशान हैं। मेरे ख्याल से आप इस आदमी को जानती हैं।

**जयमाला डाकू को देखती है और
उठकर उसके पास जाती है।**

### जयमाला

ओ डाकू, तुम क्या कर रहे हो यहाँ!
मैंने लिखी थी एक चिट्ठी तुम्हारे नाम,
जिसे मैं छोड़ आयी थी वहाँ,
तुम्हें नहीं मिली?

**डाकू**

मिली।

**जयमाला**

तो फिर मेरा पीछा करते यहाँ क्यों चले आये?

**डाकू**

मैंने पीछा किया! मैंने! क्या कह रही हो!

**जयमाला**

देखो डाकू, साफ बोलती हूँ गलत न समझना।

कभी बिन बुलाए मेहमान न बनना।

जो तुम चाहते हो वह तो हो ही नहीं सकता।

कभी न आना मेरी ओर,

क्योंकि कोई और ही है मेरा चितचोर।

ये मनु भैया कहाँ रह गये?

**अंदर जाती है।**

**रघु**

(डाकू के कंधे पर हाथ रख कर) कभी-कभी ऐसा भी होता है।

**डाकू**

आप?

**रघु**

मेरा नाम रघुनाथ है।

### डाकू

मैंने आपके बारे में सुना था। तो आप ही वह रघुनाथ हैं।

### रघु

मैं ही वह रघुनाथ हूँ या नहीं यह तो चर्चा का विषय है। यह इस पर भी निर्भर करता है कि आप किस रघुनाथ की बात कर रहे हैं। सही रघुनाथ कौन है या है भी कि नहीं यह तो आपको कोई इतिहासकार ही बता सकता है जो इस विषय पर खोज कर रहा हो?

### डाकू

जी...

### रघु

यहाँ आकर चक्कर मैं पड़ गया हूँ कि मैं कौन हूँ, रघुवंश हूँ, रघुनाथ वंश हूँ या साधारण रघुनाथ हूँ।

### डाकू

जी...

### रघु

कहीं आपको जी-जी कहने की बीमारी तो नहीं है, बंटी जी की तरह।

### डाकू

मैं समझा नहीं कि आप क्या कह रहे हैं।

### रघु

तो एक समझौता कर लेते हैं, जब तक आपको कोई ठोस सबूत नहीं मिल जाता कि मैं वास्तव में रघुनाथ ही हूँ आप मुझे रघुनाथ ही समझिए।

**लता का प्रवेश। एक कुर्सी पर बैठ जाती है। उदास है।**

### डाकू

क्या हुआ लता, बहुत उदास हो?

### लता

कुछ नहीं।

### डाकू

कुछ तो जरूर है।

### रघु

मुझे भी ऐसा ही लगता है।

### लता

आप?

### रघु

मैं कौन हूँ? अभी मैं इसी बात पर डाकू जी से बात कर रहा था। जहाँ तक मैं समझता हूँ मैं रघुनाथ हूँ पर...

### लता

ओ तो आप रघुनाथ हैं।

### रघु

मैं...

### लता

मुझे आपसे हमदर्दी है। आपके साथ जो हुआ है ऐसा किसी के साथ नहीं होना चाहिये।

### रघु

हमदर्दी का शुक्रिया। लगता है कि मैं बहुत बदनाम हो गया हूँ।

### लता

नहीं ऐसी कोई बात नहीं है। हो जाता है कभी-कभी ऐसा। फिर किसी और की करनी आप क्यों भोगेंगे।

### रघु

किसी ने ठीक ही कहा है बदनाम होंगे तो क्या नाम न होगा?

### डाकू

अब समझ में आया कि आप बहुत दुखी हैं तभी ऐसी बहकी-बहकी बातें कर रहे हैं।

### रघु

रहिमन दुखिया सब संसार।

### लता

मुझे पूरी बात बंटी ने बताई। मैं भी कितनी बेवकूफ हूँ कि कुछ का कुछ समझ बैठी। पता नहीं मनु मुझे माफ करेगा या नहीं। मैंने बहुत बड़ी गलती की है।

### डाकू

तुम उससे मिल कर बात कर लो सब ठीक हो जायेगा।

**लता**

है कहाँ वह?

**डाकू**

अंदर।

**लता अंदर जाती है। विराम।
जयमाला बाहर आती है।**

**जयमाला**

डाकू, गलत दरवाजा खटखटाओगे कब तक?

मुझे हैरानी है कि तुम गये नहीं अभी तक?

**डाकू**

तुमको गलतफहमी है कि मैं तुम्हारे पीछे यहाँ आया हूँ, मनु मेरा
दोस्त है।

**जयमाला**

तब तो ठीक है। क्या तुम बता सकते हो कि वह लड़की कौन है,

जो सुंदर है दिखने में नयी-नयी है,

और अभी-अभी अंदर गयी है?

**डाकू**

वह लता है। मनु की मंगेतर।

अंदर से लता के चिल्लाने और रोने की आवाज आती है। लता गुस्से में रोते हुए पांव पटकते हुए बाहर चली जाती है और मनु उसके पीछे-पीछे।

### जयमाला

दोनों में कितना प्यार है।
उबल-उबल कर बाहर निकल रहा है,
किस तरह झगड़ रहे हैं दोनों।

### रघु

यह क्या बात हुई। इतना ही प्यार है तो इस तरह झगड़ क्यों रहे हैं दोनों?

### डाकू

अच्छा माला यह बताओ कौन है वह खुशनसीब जिसके लिए तुमने मुझे छोड़ा।

### जयमाला

डाकू,
तुम कभी पकड़ में थे ही नहीं,
तो छोड़ने का सवाल ही नहीं उठता है।
तुम अच्छे लगे तो बात की मैंने।
इसका कुछ और मतलब तो नहीं निकलता है।
समय रहते अपने को संभालो।

अपने बारे में कोई भूल न पालो।
कुछ और सोचना गलत है।

### गबरू का प्रवेश।

#### डाकू

लो आ गया। माला इस आदमी से सावधान रहना।

#### जयमाला

क्यों?

#### डाकू

एकदम गँवार है। पहले लोगों को बाँधता है फिर उनके मुँह में
कपड़ा ठूँसता है फिर उनसे नाम पूछता है।

#### जयमाला

सच्ची।

#### डाकू

एकदम सच।

#### गबरू

बोलो माला?

#### जयमाला

इनसे मिलो।
तुम कई लागों से मिले होगे,

पर इनसे न मिले होगे।
इनसे हाथ मिलाओ बार-बार
कि ये हैं श्री डरजीत कुमार।
उपनाम डाकू।

### गबरू

हम मिल चुके हैं।

### डाकू

मैं मिल चुका हूँ इससे, पर तुम कैसे जानती हो इसको?

### जयमाला

एक खुशखबर मैं तुमको सुनाऊँ।
अपने मन की बात बताऊँ।
सच्ची ही है मेरा चितचोर।
मैं और सच्ची बहुत जल्दी शादी करने वाले हैं।

### डाकू

कौन सच्ची?

### जयमाला

सच्चिदानंद सिन्हा।

### गबरू

यानी गबरू। बड़ी जल्दी भूल गये आप डाकू जी।

**डाकू धम्म से कुर्सी में बैठता है।
डाकू पर स्पॉट फिर फेडआउट।**

# दृश्य तीन

**स्थान मनु का घर। समय संध्या। मंच पर अंधकार।**

**नेपथ्य से**

लता एक भयंकर गलतफहमी का शिकार है। अँगूठी तो उसने कल ही वापस कर दी थी। रघु बेचारे की स्थिति दयनीय है। बंटी की अंटी में प्रेमा फँसी हुई है। जयमाला ने डाकू का पत्ता ही काट दिया है। वैसे गबरू जैसा आशिक हो तो बीच में कौन आ सकता है? इन सब के बीच में फँसा है बेचारा मनु। जैसा कि आपको मालूम है मनु ने गबरू के लिए दावत का इंतजाम किया है। आइए देखते हैं क्या हो रहा है।

**मंच में प्रकाश। मंजुनाथ और सावित्री का प्रवेश।**

**सावित्री**

यहाँ पार्टी है?

**मनु**

हाँ... पर आप...

**सावित्री**

मंजु यही घर है। अंदर ले आओ।

**मंजु**

(अंदर आते हुए) सावित्री पूछ न!

### सावित्री

पूछती हूँ न! अंदर तो आ पहले।

### मनु

मैंने आपको नहीं पहचाना।

### मंजु

कैसे पहचानेंगे! आज से पहले हम कभी नहीं मिले। आज पहली बार मिल रहे हैं।

### मनु

अच्छा आप बैठिए।

### मंजु

ठीक है जगह बता दीजिए। (सावित्री से) सावित्री पूछ न!

### सावित्री

रुक पूछती हूँ। (मनु से) अभी तो पार्टी शुरू होने में देर है।

### मंजु

वो क्या है कि आज मर्डर होने वाला है। (सावित्री से) सावित्री पूछ न!

### सावित्री

तू पूछने देगा तो पूछूँगी न। सर, जब तक पार्टी शुरू होती है क्या हम टीवी देख सकते हैं?

### मनु

मर्डर!

### गबरू

मनु भैया, जरा इधर आना।

## मनु गबरू के पास जाता है।

### मंजु

कैसा आदमी है। बताता भी नहीं टीवी के बारे में। आज का एपिसोड मिस नहीं करना है। आज तो मर्डर हो के रहेगा। सास ने पूरी तैयारी कर रखी है बहू को मारने की।

### सावित्री

सास बहू के चक्कर में दो बार तो नौकरी से निकाले गये हो। कहीं इस बार भी न निकाले जाओ।

### मंजु

अरे नौकरियाँ तो आती-जाती रहेंगी। एपिसोड मिस नहीं होना चाहिये।

### सावित्री

तुम और तुम्हारा टीवी एपिसोड!

### मंजु

वह आदमी हमें यहाँ खड़ा करके कहाँ चला गया?

**गबरू**

(पास आ कर) आप लोग?

**सावित्री**

मैं सावित्री और यह मंजुनाथ है।

**गबरू**

आपलोगों को किससे मिलना है?

**सावित्री**

किससे मिलना है माने? मंजु वह कागज निकाल।

**मंजु**

(कागज निकाल कर पढ़ता है) हमको मिस्टर साकी दनादन से मिलना है।

**गबरू**

साकी दनादन! यहाँ कोई साकी दनादन नहीं रहता है।

**मंजु**

देख सावित्री, आज यह दूसरी बार तुम गलत जगह पर ले आयी। कितनी बार कहा कि घर में घुसने से पहले ठीक से पता कर लो!

**सावित्री**

नहीं-नहीं पता सही है। रुको। पार्टी यहीं हो रही है न?

### गबरू

हाँ।

### सावित्री

दनादन साहब ने खाना मँगाया था।

### मंजु

हमलोग होटल हरिओम सागर से खाना लेकर आये हैं।

### गबरू

हरिओम सागर से खाना तो मैंने मँगाया था।

### मंजु

पर आप तो दनादन साहब नहीं हैं।

### गबरू

(मंजु के हाथ कागज लेकर पढ़ता है।) एक तो हिन्दी का नाम अँग्रेजी में लिखते हो और सच्चिदानंद को साकी दनादन बोलते हो। खाना उठाओ और मेरे साथ आओ।

### मंजु

सर, आपकी पार्टी तो शुरू नहीं हुई। खाना तो लोग बाद में खायेंगे।

### गबरू

हाँ।

**मंजु**

सर, आज मर्डर होने वाला है।

**गबरू**

मर्डर!

**मंजु**

हाँ सर। आज सास बहू का मर्डर जरूर करेगी। आप टीवी खोल दीजिए।

**सावित्री**

सर मंजु को टीवी का नशा है।

**गबरू**

ठीक है। लेकिन खाना परोसने में कोई गड़बड़ नहीं करना। नहीं तो मैं तुम्हारा मर्डर कर दूँगा।

**मंजु**

नहीं सर कोई गड़बड़ नहीं होगी। और स्वीट डिश थोड़ी देर में आ रही है।

**गबरू**

कब?

**मंजु**

आप चिंता नहीं कीजिए, हरिओम के सब काम समय से होते हैं।

**गबरू**

हरिओम?

**मंजु**

सागर। हरिओम सागर होटल।

**मनु**

गबरू, कौन हैं यह लोग मैंने पहचाना नहीं।

**गबरू**

कुछ नहीं मनु भैया, ये लोग खाना लेकर आये हैं।

**मनु**

तुमने मेहमानों से खाना साथ में लाने को कहा है? ये... ये...

**गबरू**

ओ हो आप गलत समझ रहे हैं। (दरवाजे पर घंटी) देखिए कौन आया है। मैं अभी आया।

**अंदर जाता है। कोकिला का प्रवेश।**

**कोकिला**

मैं खाना ले कर आयी हूॅ।

**मनु**

आप भी खाना ले कर आयी हैं। इस गबरू ने तो लुटिया ही डुबो दी।

### कोकिला

खाना दनादन साहब ने मँगाया था। दनादन साहब का घर यही है न।

### गबरू

(अंदर से) मनु भैया आने दो।

### मनु

गबरू यह क्या हो रहा है। मेहमान दनादन खाना ले कर आ रहे हैं।

### गबरू

मैंने होटल से खाना मँगाया था। ये लोग खाना लेकर आ रहे हैं। आप इतनी जल्दी परेशान क्यों हो जाते है।

### मनु

क्या बात कर रहे हो। मैं परेशान हो जाता हूँ?अच्छा यह बताओ यह दनादन साहब कौन हैं?

### गबरू

मैंने जल्दी में अपना नाम दनादन बता दिया था।

### मनु

क्यों?

### गबरू

ऐसे ही।

रघु का प्रवेश। गबरू के पास जा कर उससे बात करने लगता है। प्रेमा बन सँवर कर अंदर से आती है।

**रघु**

बहुत सुंदर लग रही हो प्रेमा।

**प्रेमा**

थैंक्यू।

**रघु**

जिसके लिए तुमने इतना श्रृंगार किया, वह अभी तक नहीं आया?

**प्रेमा**

इस तरह की बातें करना जरूरी है क्या?

**रघु**

(साँस छोड़ कर) हमारी तो अब कोई बात ही आपको पसंद नहीं आती है।

**गबरू**

पता नहीं माला अभी तक क्यों नहीं आयी?

**रघु**

कभी हम हुआ करते थे तुम्हारी तरह उतावले। अब यह काम शायद हमारी पत्नी कर रही है। बंटी जी भी नहीं आये अभी तक।

### गबरू

सच कहूँ रघुनाथ जी, बंटी भैया को हम कई सालों से जानते है, उनके पास लगता है कि कोई जादू है। जो भी लड़की उनको मिलती है बस दूसरे ही दिन उनकी प्रेमिका बन जाती है, जिसे वे मासूम कयामत या रूहे तमन्ना कह कर सबसे मिलाते फिरते हैं। लोग कहते हैं कि यदि उन सभी लड़कियों को इकट्ठा किया जाय जिनसे बंटी भैया ने प्रेम किया है तो एक क्रिकेट का मैदान आराम से भर जायेगा।

### प्रेमा

पर अभी तो जयमाला की बात हो रही है, बंटी का जिक्र बीच में कैसे आ गया।

### गबरू

माला बंटी भैया के साथ ही आ रही है।

### रघु

यह तो गबरू तुम ज्यादती कर रहे हो। बंटी जी अब घर में तो डाका नहीं डालेंगे।

### गबरू

अब डर तो लगता ही है। खोज करने से पहरा भला।

**गबरू टहलने लगता है।**

### रघु

बंटी जी के इस क्रिकेट के मैदान में तुम कहाँ पर हो प्रेमा। (प्रेमा उत्तर नहीं देती है) तुम शायद स्लिप में फील्डिंग कर रही हो, वहाँ कैच अच्छा मिलता है।

**प्रेमा**

चुप रहो रघु।

**रघु**

तुम तो इस तरह डाँट रही हो जैसे अपने पति को डाँटा जाता है।

## मनु अंदर से आता है।

**मनु**

गबरू, ओ गबरू, तू लता के घर गया था?

**गबरू**

हाँ मनु भैया, आपका संदेशा भी दे दिया था।

**मनु**

क्या बोली वह।

**गबरू**

हुंह।

**मनु**

यह हूँ-हूँ क्या कर रहा है, बोल न क्या कहा लता ने।

**गबरू**

यह मैं हुंह नहीं कह कर रहा हूँ।

**मनु**

गबरू यह क्या मजाक है अभी-अभी तो तुम हुंह कर रहे थे।

**गबरू**

मैं ठीक कह रहा हूॅं मनु भैया, वह हुंह मेरा हुंह नहीं था।

**मनु**

तो क्या मेरे कान बज रहे हैं।

**गबरू**

नहीं-नहीं आपके कान नहीं बज रहे हैं, मैंने ही कहा था हुंह पर...

**मनु**

ओ हो, कभी हाँ कभी ना। कितना परेशान करता है?

**गबरू**

कह दिया न कि मैंने ही हुंह कहा था, फिर काहे की परेशानी?

**मनु**

वही तो कह रहा था।

**गबरू**

वही मैं भी कह रहा हूॅं।

**मनु**

क्या?

**गबरू**

हुंह।

**मनु**

फिर हुंह कर रहा है! (दरवाजे पर घंटी) शायद लता आ गयी है, मैं खोलता हूँ दरवाजा।

**बंटी और जयमाला का प्रवेश।**

आओ माला, आओ बंटी। गबरू तुम्हारी माला आ गयी।

**गबरू**

(माला को देख कर) चश्मेबद्दूर।

**रघु**

प्रेमा देखो आ गया तुम्हारा लाल टाई वाला (मुँह फेर कर) बंदर।

**प्रेमा**

देख रही हूँ।

**रघु**

प्रेमा एक बार फिर सोचो एक लाल टाई के पीछे तुम पाँच साल पुराने पति को छोड़ दोगी।

**प्रेमा**

मैंने सोच लिया है रघु। इस विषय में अब और बात मत करो।

**बंटी प्रेमा को इशारे से बुलाता है। दरवाजे पर घंटी। मनु दरवाजा खोलता है। डाकू का प्रवेश धनंजय के साथ।**

**डाकू**

देर तो नहीं हुई?

**मनु**

नहीं, आओ। आओ धनंजय। अभी ठीक-ठाक हो ना। धनंजय सिर हिलाता है।

**मनु**

गुड।

**डाकू**

वाह गबरू तो बड़ा बना-ठना हुआ है। बहुत सभ्य लग रहा है।

**मनु**

गबरू, सुनो डाकू क्या कह रहा है।

**डाकू**

अरे यह क्या कर रहे हो। फिर मुझे बँधवाओगे क्या?

**गबरू पास आता है।**

**गबरू**

डाकू जी, अब बार-बार एक ही गलती थोड़े ही करूँगा?

**डाकू**

तुम्हारे जैसे जवान की ओर दोस्ती का हाथ बढ़ाना ही अच्छा है गब्बर सिंह।

**डाकू हाथ बढ़ाता है। गबरू अपनी शक्ति से अनजान उसका हाथ गर्मजोशी से दबाता है। डाकू दर्द से कराहता है।**

**लता का प्रवेश।**

### मनु

लो लता भी आ गयी।

### लता

इंतजार कर रहे थे?

### मनु

और नहीं तो क्या? यह भी कोई पूछने की बात है! एक मिनट रुको। खोज कर अँगूठी निकालता है और मुस्कुराती हुई लता को पहनाता है। अब चलो हाथ बँटाओ, इतने मेहमान आये हुए हैं।

### डाकू

हलो माला।

### जयमाला

हलो डाकू।

### डाकू

मैं तुम्हारा शुक्रिया अदा करना चाहता हूँ।

**जयमाला**

किस बात का?

**डाकू**

मुझे मेरी औकात बताने का।

**जयमाला**

तुम्हें ठेस पहुँचाने का मेरा कोई इरादा नहीं था।

**डाकू**

ठेस तो मुझे लगी। ठेस लगने से ही तो मेरी आँखें खुलीं। खैर इस बात को छोड़ो। तुम खुश तो हो न?

**जयमाला**

हाँ डाकू मैं बहुत खुश हूँ।

**गबरू**

क्या खुसुर-फुसुर हो रही है यहाँ पर?

**डाकू**

(डर कर) कोई खुसुर-फुसुर नहीं गबरू जी, हम लोग मौसम की बातें कर रहे थे। (जयमाला मुस्कुराती है।)

**रघु**

डाकू जी इधर आइए।

**डाकू और रघु एक कोने में जा कर बातें करते हैं।**

**बंटी**

(प्रेमा से) मुझे बड़ा अजीब लग रहा है।

**प्रेमा**

क्यों?

**बंटी**

रघुनाथ बड़ा अजीब आदमी है।

**प्रेमा**

आदमी अजीब नहीं है। हालात कुछ ऐसे हो गये हैं।

**बंटी**

वह मेरे साथ बड़ी अजीब तरीके से पेश आ रहा है।

**प्रेमा**

कम ऑन बंटी, अपनी पत्नी के आशिक के साथ कोई कैसे पेश आये?

**बंटी**

ठीक है, मानता हूँ कि सिचुएशन अजीब है, पर मुझे यहाँ बुलाने का क्या तुक है?

**प्रेमा**

यह पार्टी तो मनु ने दी है।

**बंटी**

मैं तो वैसे भी आ ही रहा था पर उसने मुझे फोन करके विशेष आग्रह के साथ बुलाया है। तुम बता सकती हो कि उसने ऐसा क्यों किया?

**प्रेमा**

पता नहीं। अच्छा बंटी यह बताओ कि क्या तुम सैकड़ो लड़कियों से प्रेम कर चुके हो।

**बंटी**

किसने कहा?

**प्रेमा**

गबरू ने।

**बंटी**

गबरू गधा है।

**प्रेमा**

मैं तुम्हारी बात कर रही थी।

**बंटी**

एकाध लड़कियाँ आयी थीं मेरे जीवन में पर वे सब पानी के बुलबुलों की तरह थीं।

**प्रेमा**

और मैं क्या हूँ?

**बंटी**

तुम क्या हो तुम मेरे दिल से पूछो। मेरी रूहे तमन्ना हो तुम। मासूम कयामत हो तुम।

**डाकू के हँसने की आवाज।
सब उसकी ओर देखते हैं।**

### रघु

विश्वमित्र जी, आपके पास पेन होगा?

### मनु

हाँ-हाँ होगा। गबरू, गबरू पता नहीं कहाँ चला गया। यह रही माला। माला तुम्हारे पास पेन होगा? रघुवंश जी माँग रहे हैं... नाथ वंश जी।

### जयमाला

नहीं मेरे पास तो नहीं है। (गबरू को देख कर) पर रुकिए मैं अभी लायी।

### सच्ची

तुम्हारे पास पेन होगा?

### गबरू

मेरे पास तो नहीं है। रुको मैं अभी लाया। (मनु के पास जा कर) मनु भैया पेन देना।

### मनु

नहीं है पेन मेरे पास।

### गबरू

कैसे नहीं है। मैंने आपको दिया था। इस जेब में देखिये। देखिये मिला न।

### मनु

हाँ।

### गबरू

यह लो माला पेन।

### जयमाला

मनु भैया यह लीजिए पेन।

### मनु

थैंक्यू माला। लीजिए रघुवंश जी। (रघु उसे घूरता है।) आइ एम सॉरी। नाथवंश रघु जी।

### रघु

(जोर से सब को सुना कर) बंटी जी इधर आइए। (बंटी पास आता है) यह पेन लीजिए और यहाँ साइन कर दीजिए।

### बंटी

क्या है यह?

### रघु

पढ़ लीजिए।

### बंटी

(पढ़ता है) मैं अपने हाथों से अपनी जान ले रहा हूँ। मेरी मौत के लिए किसी और को जिम्मेदार नहीं ठहराया जाये। गोविंद शर्मा उर्फ बंटी।... यह क्या मजाक है?

### रघु

यह कोई मजाक नहीं है?

### बंटी

यह कोई खेल है तो मैं इसमें भाग नहीं ले रहा हूँ।

### रघु

आप इसे खेल कह सकते हैं। एक खतरनाक खेल। पहले एक बात बताइए, आप मेरी पत्नी से इश्क कर रहे हैं वह कोई मजाक है क्या?

### प्रेमा

रघु!

### रघु

तुम एक मिनट रुको डार्लिंग। मुझे तुम्हारे आशिक से बात कर लेने दो। हाँ बंटी जी।

### बंटी

जी नहीं वह मजाक नहीं है।

### रघु

मजाक नहीं तो कोई खेल है क्या?

### बंटी

जी नहीं, न मजाक है न खेल है। आपको शायद नहीं मालूम कि प्रेम न तो कोई खेल होता है और न ही कोई मजाक।

**रघु**

यानी मामला सीरियस है।

**बंटी**

जी।

**रघु**

तब आप इसे भी सीरियस मामला ही समझिए। क्यों कि यह भी कोई खेल या मजाक नहीं है। आप यहाँ साइन कर दीजिए।

**बंटी**

पर... पर...

**रघु**

देखिए मैं आपको समझाता हूँ। कायदे के मुताबिक मुझे आपको मार देना चाहिये।

**बंटी**

मतलब...

**रघु**

यानी मर्डर, हत्या, कत्ल। तो मैं कह रहा था कि कायदे से तो मैंने आपको मार देना चाहिये। पर मैं ऐसा नहीं कर सकता क्यों कि मैं ऐसा करूँगा तो मेरी पत्नी विधवा हो जायेगी।

**मनु**

बंटी के मरने से आप की पत्नी कैसे विधवा हो जायेगी रघुवंश जी?

### रघु

हो जायेगी विश्वमित्र जी। आप जिस पहलू से भी देखिए प्रेमा ने घाटे का सौदा कर रखा है, वह इसे माने या न माने। मैं यह नहीं चाहता कि मेरे हाथों मेरी ही पत्नी का बुरा हो, इसलिए बंटी जी आपको तो आत्महत्या करनी ही पड़ेगी। आप आत्महत्या कर लीजिए। प्लीज।

### लता

(बहुत नर्वस हो जाती है) रघुनाथ जी यह क्या कर रहे हैं आप!

### प्रेमा

रघु यह क्या बकवास है?

### रघु

यह बकवास नहीं जीवन का कड़वा सच है डार्लिंग।

### बंटी

यह सचमुच बकवास है।

### रघु

नहीं बंटी जी यह बकवास नहीं है। आपका मेरी बीबी के साथ प्रेम बकवास है तो शायद मेरी बात भी बकवास है। पर ऐसा तो है नहीं। आप दोनों का तो रोमियो जूलियट और लैला मजनू वाला प्यार है। ऐसे प्यार का अंत तो ट्रेजेडी में ही होता है। इसलिए प्लीज आत्महत्या कर लीजिए। मर जाइए।

### मनु

डाकू, यह क्या हो रहा है?

### डाकू

मैंने बहुत समझाया मनु। पर रघुनाथ जी तो मरने-मारने में तुले हुए हैं।

### जयमाला

प्रेमा तुम्ही कुछ कहो न?

### प्रेमा

मैं क्या कहूँ। रघु का यह रूप तो मैं पहली बार देख रही हूँ।

### रघु

बात यह है डार्लिंग कि जब तुम जा ही रही हो तो मैंने सोचा मेरा यह रूप भी देखती जाओ।

### प्रेमा

रघु, क्या तमाशा करना जरूरी है।

### रघु

यह तो समझ का फेर है कि मैं तमाशा कर रहा हूँ या तमाशा देख रहा हूँ। हाँ तो बंटी जी आपने बताया नहीं?

### बंटी

क्या बताना है?

### रघु

यही कि आप आत्महत्या करेंगे या नहीं?

**बंटी**

आपका दिमाग खराब है।

**रघु**

(लंबी साँस छोड़ता है) मुझे पहले से ही अंदाजा था कि आप शायद आत्महत्या नहीं करेंगे। देखिए आज यहाँ पर एक न एक को मरना ही है। मान-मर्यादा का सवाल है साहब। मैं कोशिश कर रहा था कि आप आत्महत्या कर लें। पर आप क्यों मरने लगे! आपके सामने तो प्रेमा है, सुनहरा भविष्य है। और मेरे लिए क्या है बस एक अपमान भरी जिंदगी। (डाकू से) डाकू, आप वह कागज दीजिएगा।

**डाकू**

रघुनाथ जी आप तो सचमुच बहुत सीरियस लग रहे हैं।

**रघु**

इरादा तो यही था कि जब भी जाऊँ इस दुनिया से हँसता हुआ जाऊँ। पर आदमी सोचता कुछ और है, और होता कुछ और ही है। बंटी इस कागज को देख रहे हैं न आप। यह डिट्टो वैसा ही है जैसा अभी मैंने आपको दिखाया था। अंतर है तो बस इतना कि इसमें आप की जगह मेरा नाम लिखा हुआ है। लीजिए इस पर मैंने हस्ताक्षर कर दिये। अब मेरी मौत का जिम्मेदार केवल मैं ही हूँगा। और अब मैं आत्महत्या करने जा रहा हूँ।

अलविदा।

# पिस्तौल निकालता है।

**प्रेमा**

रघु!

**जयमाला**

पिस्तौल!

**लता**

पिस्तौल!

**गबरू**

पिस्तौल!

**मनु**

पिस्तौल? एक मिनट।

**रघु**

मुझे मत रोकिए विश्वमित्र जी।

**मनु**

नहीं-नहीं मैं आपको नहीं रोक रहा हूँ, मैं तो केवल आपसे यह पूछना चाह रहा था कि क्या सचमुच आप आत्महत्या करने जा रहे हैं?

**रघु**

हाँ सचमुच।

### लता

क्या कहा सचमुच!

### प्रेमा

रघु यह क्या मजाक है?

### रघु

अफसोस कि तुमको यह अभी तक मजाक ही लग रहा है। कहा सुना माफ, अब मैं चला। अलविदा मासूम कयामत। अलविदा रूहे तमन्ना।

### जयमाला

सच्ची, देखो रघुनाथ जी क्या कर रहे हैं! ये तो सचमुच आत्महत्या कर रहे हैं!

### लता

अरे कोई कुछ करता क्यों नहीं है! रघुनाथ जी सचमुच मर जायेंगे!

**रघुनाथ अपने पेट में गोली मारता है और गिर पड़ता है।**

**जयमाला बेहोश हो कर गिर पड़ती है। लता चिल्लाती है और प्रेमा रघु के उपर गिर कर रोने लगती है।**

**सावित्री का प्रवेश। रघु को देख कर चिल्लाती है।**

### सावित्री

खून... खून... खून...

**सावित्री बेहोश हो कर गिर पड़ती है।**

### प्रेमा

रघु...रघु...तुमने यह क्या किया? (विलाप करती है। रघु दर्द से छटपटाता है।)

### मनु

अरे रघुवंश ने तो सचमुच गोली चला दी। अब मैं क्या करूँ? गबरू, गबरू।

### लता

गबरू, गबरू, जयमाला भी बेहोश हो गयी है।

### डाकू

गबरू तुम माला को अंदर ले जाओ।

### गबरू

मनु भैया यह क्या हो गया?

### मनु

वही तो मैं पूछ रहा हूँ कि यह क्या हो गया? घर में गोली चल गयी है। लड़कियाँ बेहोश हो कर धड़ाधड़ गिर रही हैं। अब कर्नल चाचा मुझे नहीं छोड़ेंगे। जानते हो वे क्या कहेंगे? वे कहेंगे कि एक

आदमी को तुम्हारे पास भेजा था और तुमने उसे मर जाने दिया। अब तुम्ही बताओ गबरू इसमें मेरा क्या दोष है? अरे रघुवंश जी आपने तो मेरा जीना हराम कर दिया।

## रघु

आइ एम सॉरी विश्वमित्र जी, पर मेरे पास और कोई चारा न था। आह बहुत दर्द हो रहा है। ए मौत तू इतनी देर क्यों कर रही है जल्दी आ और मुझे अपनी आगोश में ले ले।

## प्रेमा

(रोते हुए) रघु तुमने ऐसा क्यों किया?

## मनु

डाकू यह क्या हो गया यार।

## डाकू

मैं क्या करूँ मनु। आदमी आत्महत्या कर रहा है तो कोई क्या कर सकता हैं।

## बंटी

उसे बचाया भी तो जा सकता है। मनु डाक्टर को फोन करो।

## डाकू

सब बेकार है। रघु बुदिमान आदमी है। उसने सब तैयारी करके अपने उपर गोली चलाई है। बस कुछ ही मिनटों का मेहमान है वह। देखो कहाँ गोली मारी है उसने। कुछ भी करो उसका बचना असंभव है।

### बंटी

तो तुम लोग हाथ पर हाथ धरे बैठे रहो मैं जाता हूॅ डाक्टर को बुलाने।

### डाकू

नहीं तुम लोग रघु के पास रहो मैं जाता हूॅ और डाक्टर और एम्बुलेंस का बंदोबस्त करके आता हूॅ।

## जाता है।

### प्रेमा

रघु तुम ऐसा नहीं कर सकते। तुम मुझे इतनी बड़ी सजा नहीं दे सकते।

### रघु

सजा कैसी प्रेमा। मुझे तुम्हारे बिना जीने की कोई चाह नहीं थी। इस तरह तो मेरा प्रॉब्लम भी साल्भ हो गया और तुम्हारा रास्ता भी साफ हो गया। अब तुम दोनों शादी कर लो तो मेरी आत्मा को शांति मिलेगी।

### बंटी

कैसी शादी रघुनाथ जी! मेरी किस्मत में शादी नहीं है। प्रेमा की ओर आकर्षित हुआ था जरूर, पर आपसे बात करने के बाद मुझे लगा कि यह प्यार नहीं हो सकता है। बस इतना आगे बढ़ने के बाद पीछे हटने से डर रहा था।

### रघु

ओह... आह... विश्वमित्र जी, मेरे प्राण क्यों नहीं निकल रहे हैं।

### मनु

निकल जायेंगे रघुवंश जी, थोड़ा धीरज रखिए।

### बंटी

मनु यह क्या कह रहे हो? घर में कोई फर्स्ट-एड है तो लाओ, देखो कितना खून बह रहा है।

### मनु

अभी देखता हूँ।

जाता है।
धनंजय लंगड़ाता हुआ आता है। रास्ते में लोगों से टकराता है दो-चार चीजें गिराता है।

### धनंजय

रघुनाथ जी आप एक बहुत बहादुर इंसान हैं... इंसान हैं। मैं तो मरने की सोचता रह गया... सोचता रह गया। आपने तो कर दिखाया... कर दिखाया। मैं आपको सैल्यूट.. सैल्यूट... करता हूँ ...करता हूँ।

धनंजय पट्टी वाले हाथ से सैल्यूट करता है। हाथ दर्द करता है और सिर में चोट लगती है। गिर पड़ता है।

### रघु

धनंजय बाबू, मरने की प्रेरणा मैंने आप ही से ली थी। पर आप तो अभी बंधनमुक्त हैं। आपको मरने की कोई जरूरत नहीं है।

आह... आपके सामने पूरा जीवन है पर आह... मेरी बात और है। मेरे पास जीवन त्यागने के सिवा कोई और चारा न था। बंटी जी मेरा यह महान त्याग आप व्यर्थ न कीजिए। प्रेमा मुझसे बोर हो चुकी है वह आपसे प्यार करती है। आप अब बेखटके उससे शादी कीजिए। मैं तो कबाब में हड्डी की तरह था। अब तो जा रहा हूँ।

### प्रेमा

यह शादी कभी नहीं होगी रघु। कल ही तुमने अपने तरीके से मुझे समझा दिया था कि मैं गलती कर रही हूँ। बस मैं ही अपनी ऐंठ में थी। मुझे क्या मालूम था कि इतना सब हो जायेगा। अब इतना बड़ा अपराध भाव ले कर मैं कैसे जी सकती हूँ। अब जी कर करूँगी भी क्या? (दहाड़ मार कर रोती है)

### रघु

अरे तुम तो ऐसे विलाप कर रही हो जैसे मैं मर ही गया हूँ। अभी तो केवल गोली ही लगी है। हो सकता है बच भी जाऊँ।

### बंटी

रघुनाथ जी आप अवश्य बचेंगे। हिम्मत मत छोड़िए। अभी एंबुलेंस आती ही होगी।

### रघु

यह सब सुन कर मेरा भी अब मरने को दिल नहीं कर रहा है। लगता है मैंने अपने उपर गोली चलाने में जल्दी कर दी।

### प्रेमा

रघु तुम्हें जीना होगा मेरे लिए।

**रघु**

तुम मुझसे अब भी प्यार करती हो?

**प्रेमा**

हाँ रघु हाँ।

**रघु**

मेरा भी मूड अब मरने का नहीं है। लो अब मैं नहीं मरता।

## उठ कर खड़ा हो जाता है।

**प्रेमा**

रघु....

**रघु**

यह सब नाटक था डार्लिंग जो मैंने डाकू की मदद से खेला था।

**प्रेमा**

तुम... तुम... अब ऐसा कभी मत करना।

**रघु**

तुम भी.... (प्रेमा रघु के होठों पर अँगुली रख देती है।)

**प्रेमा**

मुझे माफ कर सकोगे रघु।

**रघु**

लो इतना बड़ा नाटक किसलिए खेला फिर!

### डाकू का प्रवेश। साथ में सुगंधा है।

### डाकू

मैं डाक्टर को ले आया हूँ। अरे यहाँ तो लगता है कि नाटक ही समाप्त हो गया है।

### सुगंधा

डाकू? यह माजरा क्या है?

### डाकू

आओ मैं तुमको समझाता हूँ।

### सुगंधा को एक ओर ले जाता है। डाकू और सुगंधा पर प्रकाश धीमा।

### लता

(रोते हुए) रघुनाथ जी आपने अपने प्यार के लिए इतना बड़ा नाटक किया।

### बंटी

पर लता तुम इस तरह रो क्यों रही हो।

### लता

यह खुशी के आँसू है बंटी।

### मनु पट्टी वगैरह ले कर आता है।

### मनु

रघुवंश जी आप खड़े क्यों हैं लेट जाइए। मैं फर्स्ट-एड ले आया हूँ। एंबुलेंस भी आती ही होगी।

### लता

मनु रघुनाथ जी मरे नहीं, नाटक कर रहे थे। बापरे इन्होंने तो मेरी जान ही निकाल दी थी।

### मनु

नाटक कर रहे थे, माने!

### लता

आओ मैं तुम्हे समझाती हूँ। यह ऐसट्रे है न, यह रधुनाथ जी हैं। यह प्लेट प्रेमा है।

### मनु

एक मिनट। पिछली बार डाकू ने प्लेट को बंटी बताया था और रघुवंश जी बिस्कुट थे।

### लता

कोई बात नहीं। तुम इस प्लेट को बंटी ही समझो और इस बिस्कुट को रघुनाथ। और यह गिलास..

### मनु

गिलास प्रेमा है।

### लता

ठीक है।

मनु और लता पर प्रकाश धीमा।
जयमाला को होश आता है, वह
उठ कर बैठती है और गबरू के
साथ गुटुरगूँ करने लगती है। डाकू
और सुगंधा पर तेज प्रकाश।

### सुगंधा

(डाकू से हाथ मिलाती है।) थैंक्यू डाकू। तुमने मेरी आँखें खोल दीं।
मैंने धनंजय के साथ ज्यादती की है। गलती मेरी भी है। गलतफहमी
अपनों में ही होती है। झगड़ा भी अपनों से ही होता है। मैं धनंजय
को मना लूँगी।

पूरे स्टेज पर तेज प्रकाश

### बंटी

मनु, मनु इधर आओ।

### मनु

क्या है?

### बंटी

सुनो तो।

**मनु**

एक मिनट लता, मैं बंटी की सुन कर आता हूँ। (बंटी के पास आ कर) बोलो क्या बात है?

**बंटी**

उस लड़की को देख रहे हो।

**मनु**

किस लड़की को?

**बंटी**

वह जो डाकू के साथ बात कर रही है, डाक्टर सुगंधा, यार।

**मनु**

हाँ तो?

**बंटी**

उसको देख कर मेरा दिल धड़क रहा हैं। जब से वह धनंजय से अलग हुई है तब से मेरा दिल जोर से धक... धक... कर रहा है।

**डाकू**

यह क्या कह रहे हो बंटी!

**मनु**

बंटी!

**गबरू**

बंटी भैया यह आप....

धनंजय अपने पट्टी वाले हाथ से उसे मारता है। बंटी गिर पड़ता है साथ में धनंजय भी।

**सुगंधा**

शाबास धनंजय।

सुगंधा धनंजय को सहारा देती है।

**धनंजय**

सुगंधा! तुम... तुम...

**सुगंधा**

हाँ धनंजय मैं...मैं...मैं

**धनंजय**

आह... हाथ टूटा है।

**सुगंधा**

जोड़ दूँगी।

**धनंजय**

दिल...

**सुगंधा**

जुड़ जायेगा।

### मनु

चलो सब ठीकठाक हो गया। बिस्कुट और गिलास मिल गये। फूल और फ्लावरपॉट का भी मिलन हो गया। बच गया प्लेट यानी बंटी। उसकी चिंता नहीं। लता कहीं से एक गिलास पानी लाकर दो, मैं थक गया हूँ।

मंजु "सावित्री, सावित्री" चिल्लाते हुए आता है। सावित्री को होश आता है। वह हड़बड़ाकर उठ जाती है। मंजु उसे झकझोर कर कहता है...

### मंजु

सास ने बहू का मर्डर कर दिया।

### समाप्त

# जोड़-तोड़ का कलायन नाट्य संस्था, बेंगलूरु द्वारा मंचन

| मंच पर | 1993 | 1995 | 2006 | 2019-20 |
|---|---|---|---|---|
| मानव विश्वमित्र | मनोज सिन्हा | विनय ओझा | अनीश सिंह | अर्जित श्रीवास्तव |
| लता सिंह | बबीता | जतिंदर | दिव्या जैन | शेफाली सिंह |
| रघुवर नाथ | मथुरा कलौनी | कुमार प्रभास | शैलेश व्यास | अनिरुद्ध राय |
| प्रेमा नाथ | नीता सिंह | पद्मश्री | मंजरी भटनागर | प्रियंका गोयल/ उपासना त्रिवेदी |
| गोविंद शर्मा | वेंकटेश | करुणेश | विवेक पाण्डे | महेश ममनानी |
| सच्चिदानंद सिन्हा | कार्तिक सेठिया | संजय सिन्हा | रहीम दरेदिया | अंकित प्रणव |
| जयमाला | सीमा | आरती राव | दीप्ति पाण्डे | समीक्षा सक्सेना |
| डरजीत कुमार | एस मुखर्जी | नरेश पाण्डे | राजीव गुप्ता | संदीप पपनै |

| मंच पर | 1993 | 1995 | 2006 | 2019-20 |
|---|---|---|---|---|
| सुगंधा | बीना | मिनी नायर | सौमिनी मेनन | अंकिता पाठक/प्रणति साहनी |
| धनंजय | गौतम | मनीश गौड़ | विपुल श्रीवास्तव | रीतेश रंजन/ वैभव भट्ट |
| मंजुनाथ | - | - | विपुल श्रीवास्तव | अमित कालरा/ सुप्रभात |
| सावित्री | - | - | सौमिनी मेनन | दिलशाद मास्टर |
| कोकिला | - | - | दिव्या जैन | अंकिता पाठक/प्रणति साहनी |
| मंच सज्जा | अशोक संदीप | अशोक संदीप | इन्द्र सेन | अरुण नरसिम्हमूर्ति |
| प्रकाश व्यवस्था | अशोक संदीप | अशोक संदीप | बाबू प्रभाकर | अरुण नरसिम्हमूर्ति |
| रूप सज्जा | दानी | तुलजाराम भुटे | सुरेश | कलायन |
| संगीत और ध्वनि | विजय और नरसिम्हा | कैस्पर और विजय | संगीता पंडा | उपासना/पॉल वन्नन |
| नेपथ्य | के एस सुब्रमन्यम | के एस सुब्रमन्यम | कलायन | अमित कालरा/ मधुरिमा गुप्ता /संदीप पपनै |
| निर्माता और निर्देशक | मथुरा कलौनी | | | |

9 7 9 8 8 8 7 4 9 8 7 9 9